嘉納治五郎《かのうじごろう》に関係《かんけい》した地域《ちいき》

日本《にほん》で生《う》まれた嘉納治五郎《かのうじごろう》に関係《かんけい》した場所《ばしょ》と
できごとを記《しる》した地図《ちず》です。

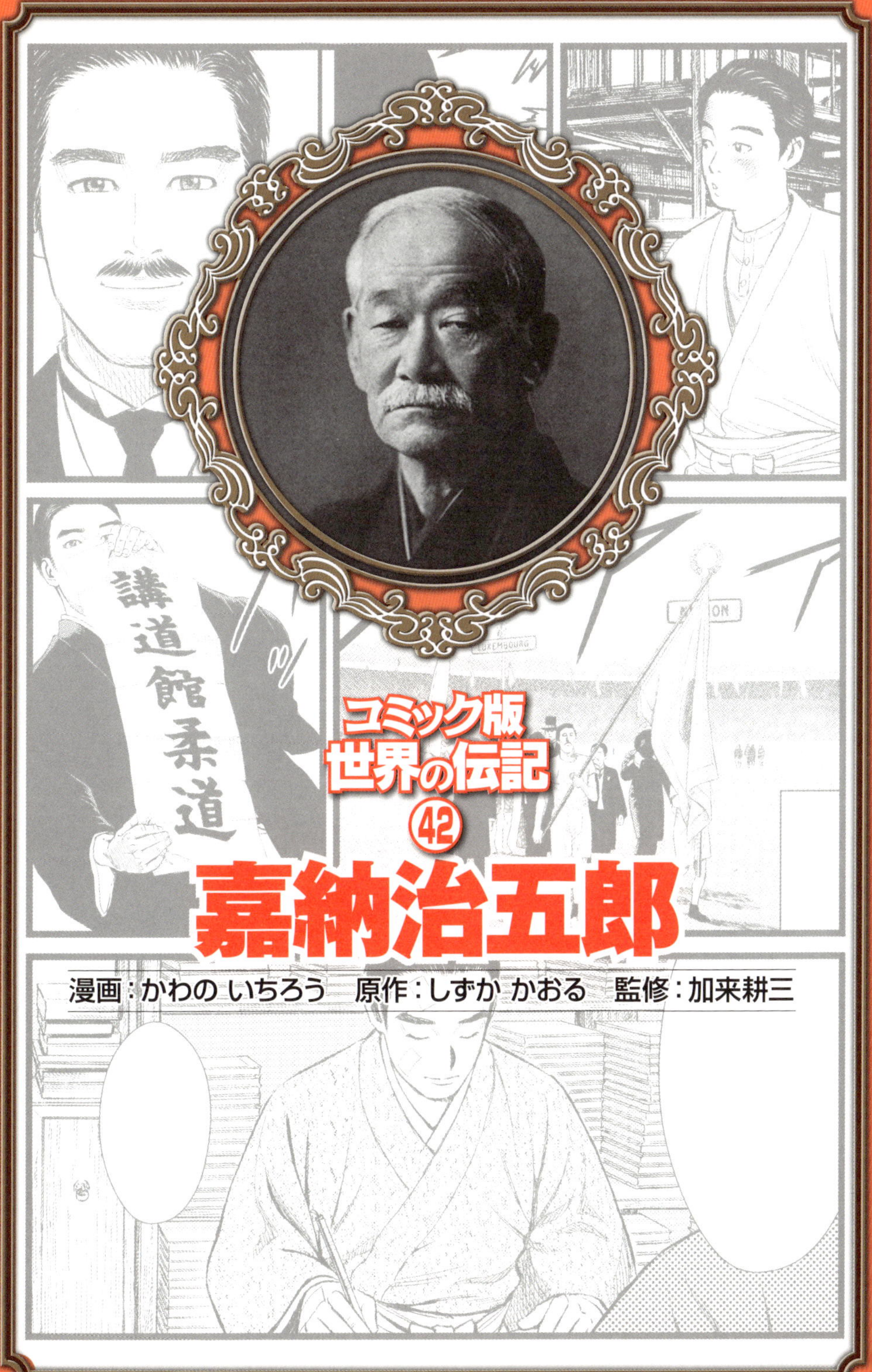

コミック版
世界の伝記
㊷

嘉納治五郎

漫画：かわの いちろう　原作：しずか かおる　監修：加来耕三

コミック版
世界の伝記42

嘉納治五郎《かのうじごろう》

目次《もくじ》

※この作品は、歴史文献をもとにまんがとして再構成したものです。

登場人物紹介《とうじょうじんぶつしょうかい》

嘉納治五郎《かのうじごろう》

明治《めいじ》のはじめに、新《あたら》しい武道《ぶどう》「柔道《じゅうどう》」を生《う》みだした武道家《ぶどうか》であり、東京《とうきょう》オリンピック招致《しょうち》のため力《ちから》をつくした教育《きょういく》家《か》。弱《よわ》かった体《からだ》をきたえるため柔術《じゅうじゅつ》を学《まな》び、武道家《ぶどうか》としても成長《せいちょう》、講道館道場《こうどうかんどうじょう》を設立《せつりつ》する。やがて教育《きょういく》の道《みち》に進《すす》むと、体《からだ》と心《こころ》をともにきたえる必要《ひつよう》を説《と》くようになる。

嘉納次郎作《かのうじろさく》

治五郎《じごろう》の父《ちち》。裕福《ゆうふく》な商《しょう》人《にん》で、治五郎《じごろう》に高《たか》い教《きょう》育《いく》をうけさせる。治五《じご》郎《ろう》が柔術《じゅうじゅつ》をならうことには反対《はんたい》している。

勝海舟《かつかいしゅう》

かつては江戸幕府《えどばくふ》の役《やく》人《にん》で、明治《めいじ》になってからも新政府《しんせいふ》で活躍《かつやく》する。次郎作《じろさく》を通《つう》じて、治五《じご》郎《ろう》とも交流《こうりゅう》した。

富田常次郎《とみたつねじろう》

嘉納家《かのうけ》に世話《せわ》になっていた学生《がくせい》。治五郎《じごろう》に柔《じゅう》術《じゅつ》をならい、その腕前《うでまえ》は、講道館四天王《こうどうかんしてんのう》と呼《よ》ばれるまでになる。

西郷四郎《さいごうしろう》

講道館設立《こうどうかんせつりつ》のころから治五郎《じごろう》に学《まな》んだ講道館《こうどうかん》四天王《してんのう》のひとり。小柄《こがら》ながら、「山嵐《やまあらし》」という大技《おおわざ》を使《つか》いこなす達人《たつじん》。

ラフカディオ・ハーン

日本《にほん》を愛《あい》した文学者《ぶんがくしゃ》。のちに日本人《にほんじん》と結婚《けっこん》し、小《こ》泉八雲《いずみやくも》を名《な》のる。教師《きょうし》としてまねかれた熊本《くまもと》で治五郎《じごろう》と出《で》あい、みずからの作品《さくひん》のなかで柔道《じゅうどう》を紹介《しょうかい》する。

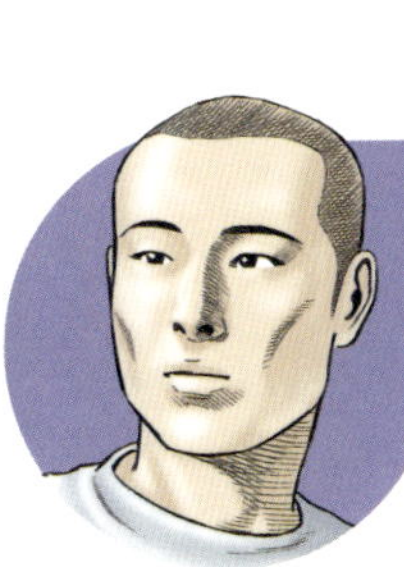

金栗四三《かなぐりしそう》

治五郎《じごろう》が校長《こうちょう》をつとめた学校《がっこう》の生徒《せいと》。日本《にほん》が初出場《はつしゅつじょう》することになったオリンピックの長距《ちょうきょ》離《り》走代表選考会《そうだいひょうせんこうかい》で驚異《きょうい》的《てき》な記録《きろく》を出《だ》し、オリンピック本選《ほんせん》にいどむ。

第《だい》1章《しょう》　柔術《じゅうじゅつ》との出《で》あい

世界中《せかいじゅう》の人《ひと》びとが
熱中《ねっちゅう》する
スポーツの祭典《さいてん》
オリンピック――

その競技種目《きょうぎしゅもく》のなかでも
柔道《じゅうどう》は　これまで多《おお》くの
日本人《にほんじん》メダリストを
生《う》みだしています

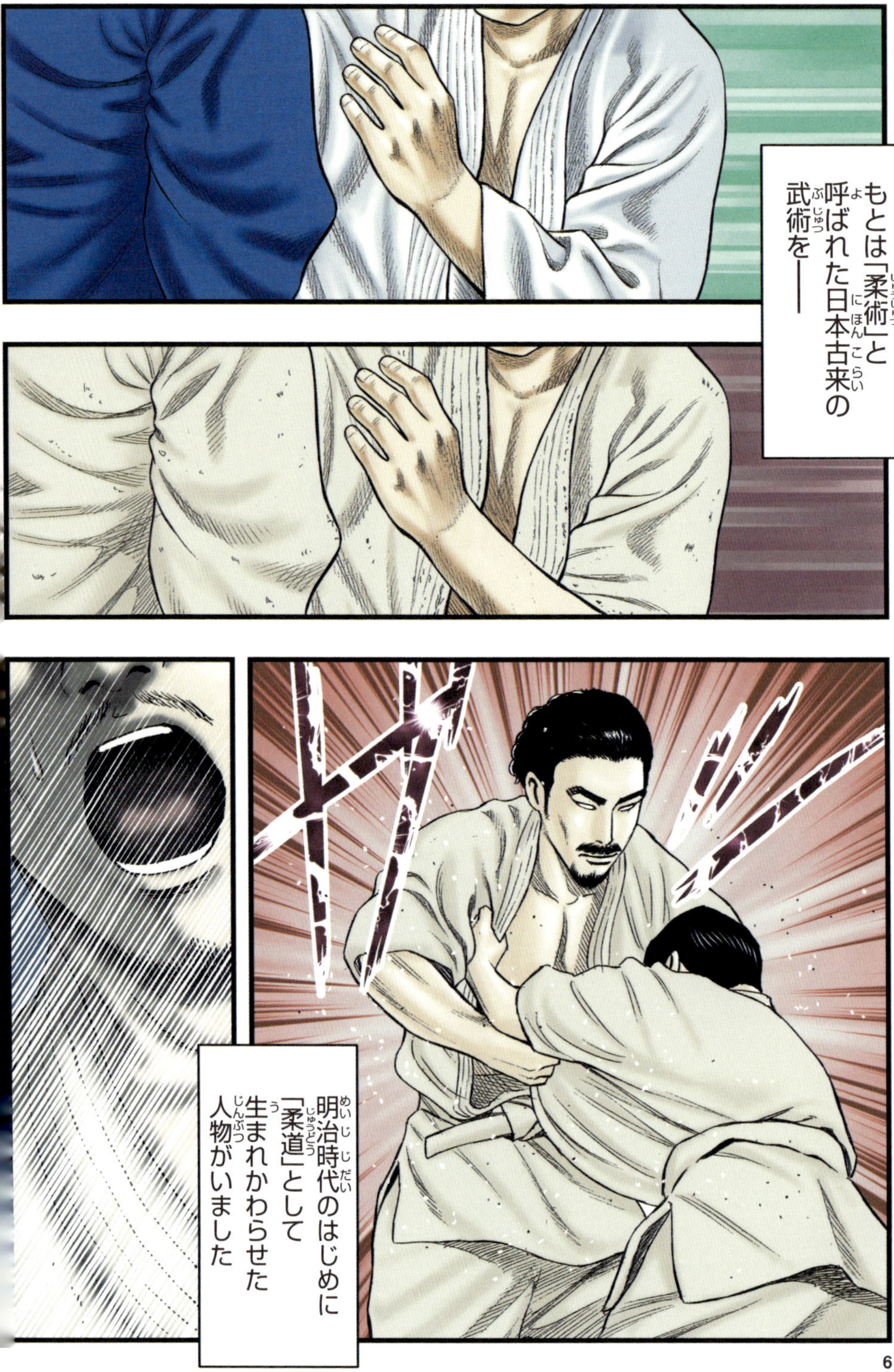
もとは「柔術《じゅうじゅつ》」と
呼《よ》ばれた日本古来《にほんこらい》の
武術《ぶじゅつ》を――
明治時代《めいじじだい》のはじめに
「柔道《じゅうどう》」として
生《う》まれかわらせた
人物《じんぶつ》がいました

その名《な》は嘉納治五郎《かのうじごろう》

一八六八年《ねん》に「明治《めいじ》」となった日本《にほん》は 文明開化《ぶんめいかいか》と呼《よ》ばれた 近代化《きんだいか》の波《なみ》に洗《あら》われます
一八七二年《ねん》には 横浜《よこはま》で 日本最初《にほんさいしょ》の ※ガス灯《とう》がともりました
治五郎《じごろう》 これが文明開化《ぶんめいかいか》の灯火《ともしび》だ これからの時代《じだい》は 西洋《せいよう》の学問《がくもん》が なにもかも かえていく おまえも勉学《べんがく》にはげみなさい

※石炭《せきたん》ガスを燃《も》やした明《あ》かりを利用《りよう》する照明器具《しょうめいきぐ》。のちに電灯《でんとう》が普及《ふきゅう》するまで使用《しよう》された

はい！
嘉納治五郎《かのうじごろう》 12歳《さい》
一八六〇年《ねん》に摂津国《せっつのくに》菟原郡《うばらぐん》御影村《みかげむら》（現在《げんざい》の兵庫県《ひょうごけん》神戸市《こうべし》東灘区《ひがしなだく》のあたり）で生《う》まれた治五郎《じごろう》は このころ 父《ちち》とともに横浜《よこはま》にうつりすんでいました
明治政府《めいじせいふ》につかえた治五郎《じごろう》の父《ちち》次郎作《じろさく》は かつては江戸幕府《えどばくふ》の仕事《しごと》をうけおい 幕府《ばくふ》の役人《やくにん》勝海舟《かつかいしゅう》とも交流《こうりゅう》がありました

※戦《たたか》いではなく話《はな》しあいによって城《しろ》をあけわたすこと。ここでは、一八六八年《ねん》に江戸幕府《えどばくふ》が新政府軍《しんせいふぐん》に江戸城《えどじょう》をあけわたしたことをさす

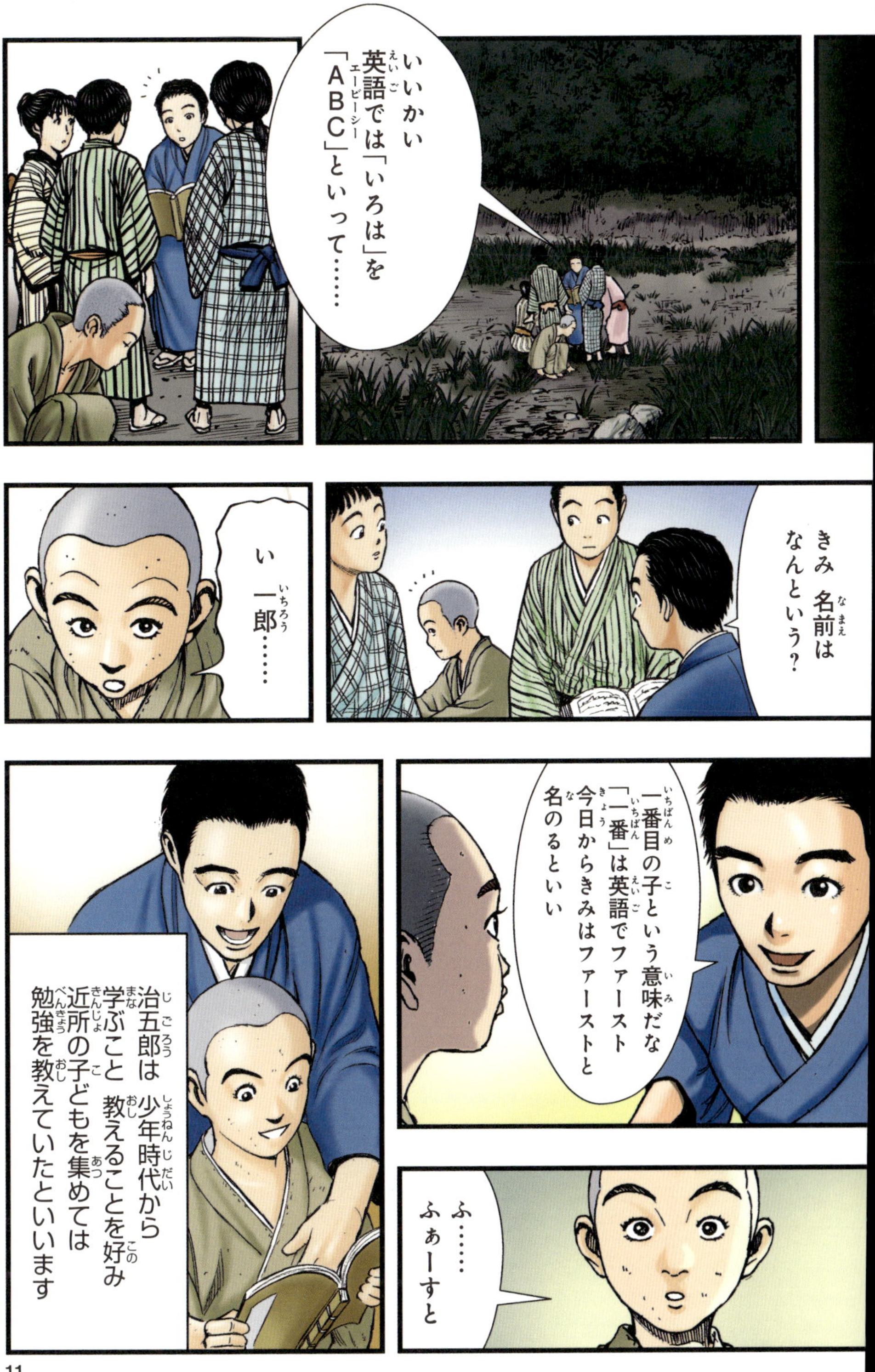
いいかい 英語《えいご》では「いろは」を「ABC《エービーシー》」といって……
きみ 名前《なまえ》は なんという?
い 一郎《いちろう》……
一番目《いちばんめ》の子《こ》という意味《いみ》だな 「一番《いちばん》」は英語《えいご》でファースト 今日《きょう》からきみはファーストと 名《な》のるといい
ふ…… ふぁーすと
治五郎《じごろう》は 少年時代《しょうねんじだい》から 学《まな》ぶこと 教《おし》えることを好《この》み 近所《きんじょ》の子《こ》どもを集《あつ》めては 勉強《べんきょう》を教《おし》えていたといいます

一八七三年《ねん》——
治五郎《じごろう》は　全寮制《ぜんりょうせい》の
※育英義塾《いくえいぎじゅく》に入学《にゅうがく》し
英語《えいご》とドイツ語《ご》を学《まな》びました
今日《きょう》は冷《ひ》えるな……
なにをする！

※現在《げんざい》の東京《とうきょう》都《と》港《みなと》区《く》新橋《しんばし》あたりにあった私塾《しじゅく》

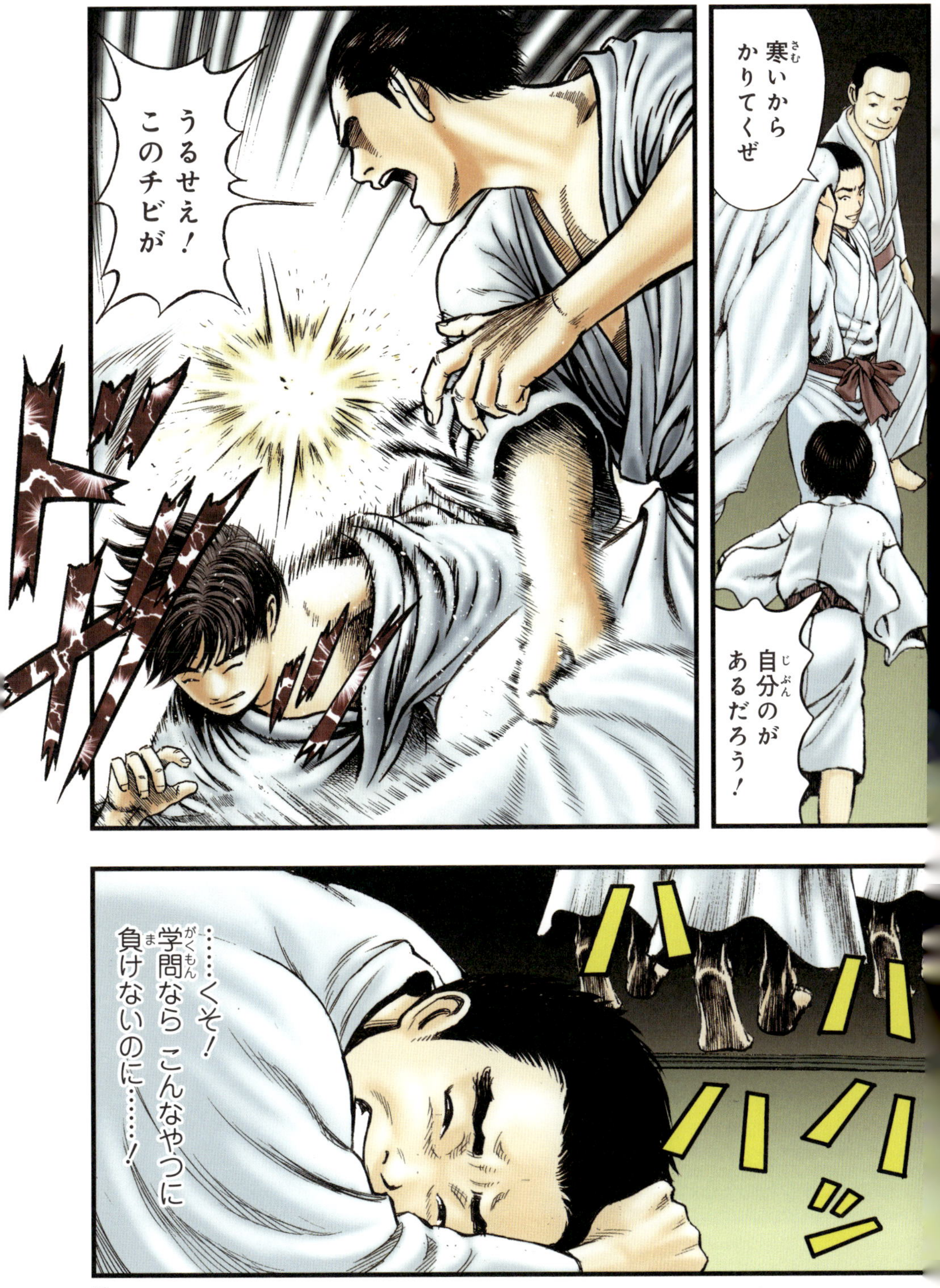
寒《さむ》いから
かりてくぜ
自分《じぶん》のが
あるだろう！
うるせえ！
このチビが
……くそ！
学問《がくもん》なら　こんなやつに
負《ま》けないのに……！
ハハハハッ

父上《ちちうえ》は　柔術家《じゅうじゅつか》にお知《し》りあいはいませんか？
そりゃまたどうして？
寮《りょう》では　つまらぬことでたびたびいさかいがおきます学問《がくもん》では負《ま》けませんがケンカでは体《からだ》の大《おお》きいやつらに歯《は》がたちません
そんなやつらは相手《あいて》にするな上《うえ》の学校《がっこう》にいけば　学問《がくもん》が忙《いそが》しくてケンカなどしなくなるさ時代遅《じだいおく》れの柔術《じゅうじゅつ》をならうなど時間《じかん》のムダだ
はあ……

やがて治五郎《じごろう》は
※1東京外国語学校《とうきょうがいこくごがっこう》で学《まな》んだのち
東京開成学校《とうきょうかいせいがっこう》へと進学《しんがく》します
開成学校
東京開成学校《とうきょうかいせいがっこう》は
のちに現在《げんざい》の東京大学《とうきょうだいがく》となる
最高《さいこう》レベルの教育機関《きょういくきかん》で
エリートのなかの
エリートのための学校《がっこう》でした
諸君《しょくん》は 日本全国《にほんぜんこく》から えらびぬかれた秀才《しゅうさい》である ※2切磋琢磨《せっさたくま》し 日本《にほん》の未来《みらい》を せおう人材《じんざい》となって もらいたい
しかし……

※2 学問《がくもん》などで努力《どりょく》をかさねること。はげましあい、競《きそ》いあって向上《こうじょう》すること

チビが生意気《なまいき》なんだよ!!
ふん
やっぱり……このままではいけない!

一八七七年《ねん》東京開成学校《とうきょうかいせいがっこう》から改組《かいそ》された東京大学《とうきょうだいがく》に編入《へんにゅう》した治五郎《じごろう》は――
すみません 天神真楊流柔術《てんじんしんようりゅうじゅうじゅつ》の福田八之助先生《ふくだはちのすけせんせい》の道場《どうじょう》はどちらでしょうか？
道場《どうじょう》なんて たいそうなものはないけど 先生《せんせい》のお宅《たく》なら あちらよ
天神真楊流 福田道場
はあ…… 柔術《じゅうじゅつ》を学《まな》びたい……と？
福田八之助《ふくだはちのすけ》 49歳《さい》

ドドド…
この※1廃刀令《はいとうれい》のご時世《じせい》に ※2殊勝《しゅしょう》なことだな きみは※3学士《がくし》さまかね？
はい
西洋《せいよう》の学問《がくもん》を学《まな》べば 出世《しゅっせ》もできる 強者《きょうしゃ》になりたいなら そのほうが てっとりばやいだろうに
わたしは わが身《み》を 自分《じぶん》の手《て》で 守《まも》りたいのです
ならば 文明開化《ぶんめいかいか》の ご時世《じせい》だ 西洋《せいよう》には ※4スパラや ※5ラスラという 体術《たいじゅつ》もあると聞《き》く
なぜ カビくさい 柔術《じゅうじゅつ》などを？
……わたしは 見《み》ての通《とお》り小柄《こがら》です 小兵《こひょう》が大男《おおおとこ》を制《せい》する には……

※1 軍人《ぐんじん》や警官《けいかん》などをのぞき、一般《いっぱん》の人《ひと》が刀《かたな》をもつことを禁止《きんし》した法令《ほうれい》
※2 ここでは、けなげで感心《かんしん》なようす
※3 ここでは、学問《がくもん》をする人《ひと》の意味《いみ》
※4 ボクシングのこと。練習方法《れんしゅうほうほう》のひとつ「スパーリング」からとって、こう呼《よ》ばれた
※5 レスリングのこと

※1 やわらかく、しなやかなものが、かたいものをうまくかわして勝利《しょうり》することから、弱《よわ》いものが強《つよ》いものに勝《か》つことのたとえ
※2 力《ちから》が技《わざ》を制《せい》することもある、という意味《いみ》で、「柔《じゅう》よく剛《ごう》を制《せい》す」とあわせて使《つか》われ、剛柔《ごうじゅう》いずれも身《み》につけることの重要性《じゅうようせい》をあらわす

まあ しばらく
やってみるかね
スッ
あ ありがとう
ございます！
では
かかってきなさい
は はい
スッ

痛《いた》――っ! 先生《せんせい》
いまのはいったい なにを どうされたのですか?
いいから もう一度《いちど》 かかってきなさい
※柔《やわら》は理屈《りくつ》ではない! 体《からだ》でおぼえるものじゃ
治五郎《じごろう》が最初《さいしょ》に入門《にゅうもん》した 天神真楊流《てんじんしんようりゅう》は 投《な》げ技《わざ》にくわえて 当《あ》て身《み》(打撃《だげき》)や極《き》め技《わざ》(関節技《かんせつわざ》) 締《し》め技《わざ》なども重視《じゅうし》した流派《りゅうは》でした
たしかに、考《かんが》えてから動《うご》いては まにあわない
でも よく観察《かんさつ》すれば つかめるものが あるはずだ……!

※柔術《じゅうじゅつ》、または柔道《じゅうどう》の別名《べつめい》

※打《う》ち身《み》や捻挫《ねんざ》に効能《こうのう》があるとされた薬《くすり》「浅《あさ》井《い》万金膏《まんきんこう》」のこと。現代《げんだい》の湿布薬《しっぷやく》のように、肌《はだ》にはりつけてつかった

む！
……うむ それでよろしい
ありがとう ございます！

ふん
万金膏《まんきんこう》だらけだったのが
最近《さいきん》ずいぶん少《すく》なくなって
きてるじゃねえかよ

なっ!?
野《や》郎《ろう》!

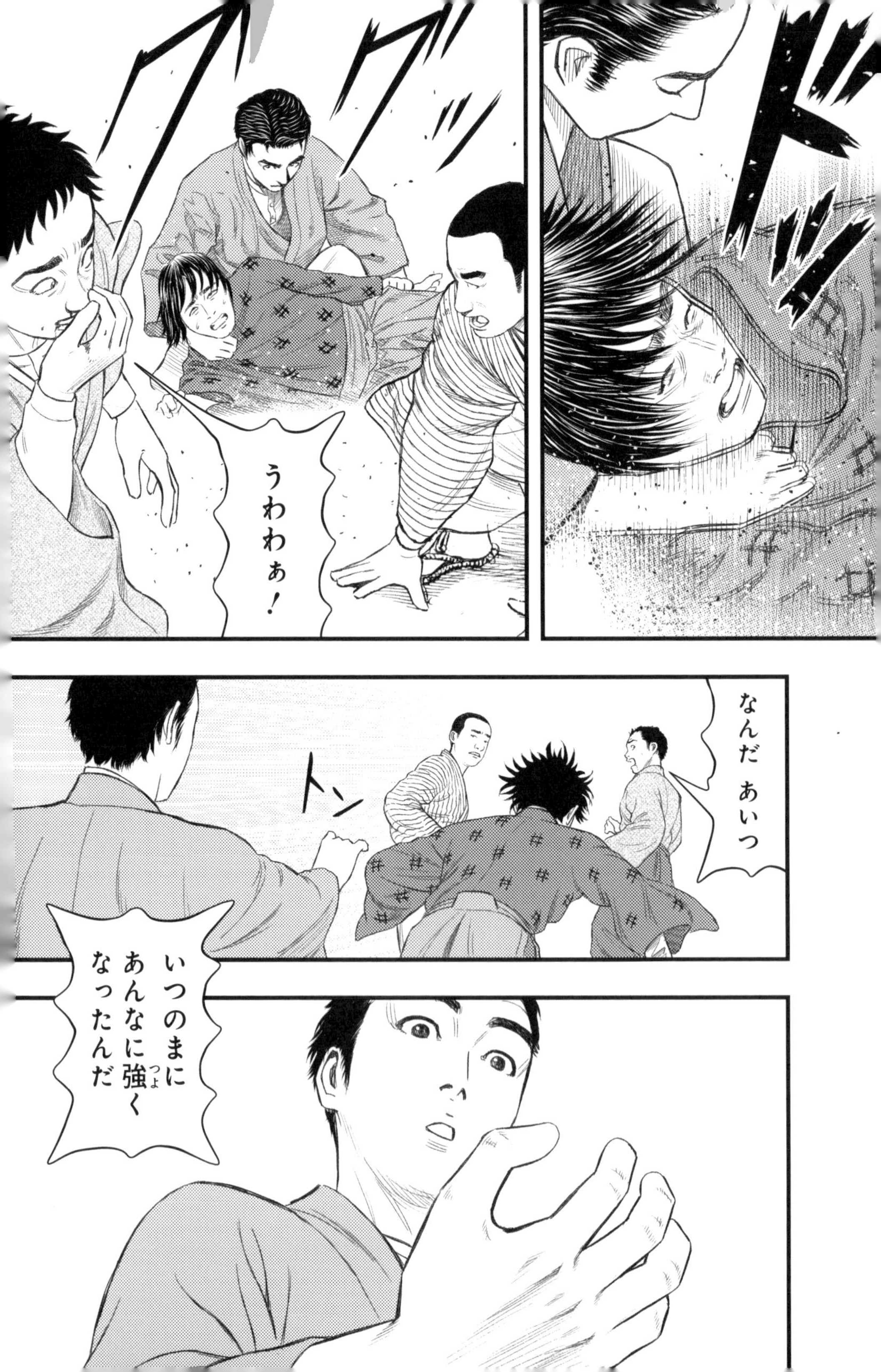
ドドッ
ダダッ
うわわぁ!
なんだ あいつ
トン
いつのまに あんなに強《つよ》く なったんだ

ザワザワ
一 嘉納治五郎
二 河野號太郎
おい 嘉納《かのう》 どうやったら あんな成績《せいせき》 とれるんだ？
柔術《じゅうじゅつ》のおかげさ 勉強《べんきょう》で脳《のう》がつかれたら 柔術《じゅうじゅつ》で体《からだ》を動《うご》かす 柔術《じゅうじゅつ》で体《からだ》がつかれたら 勉強《べんきょう》で脳《のう》を動《うご》かす それを無限《むげん》にくりかえすんだ
ハハハハ
はあ……

※1　明治《めいじ》から大正時代《たいしょうじだい》にかけて活躍《かつやく》した実業家《じつぎょうか》。江戸幕府《えどばくふ》でも明治新政府《めいじしんせいふ》でも役人《やくにん》として働《はたら》いたのち、多《おお》くの会社《かいしゃ》を設立《せつりつ》した

※2　ユリシーズ・グラントのこと。アメリカ南北戦争《なんぼくせんそう》に北軍総司令官《ほくぐんそうしれいかん》として参加《さんか》し、のちに第《だい》18代《だい》アメリカ大統領《だいとうりょう》となった

一八七九年《ねん》　実業家《じつぎょうか》の※1渋沢栄一《しぶさわえいいち》が
来日《らいにち》した元《もと》アメリカ大統領《だいとうりょう》の
※2グラント将軍《しょうぐん》に　日本伝来《にほんでんらい》の柔術《じゅうじゅつ》を
披露《ひろう》する催《もよお》しをひらきます
渋沢栄一《しぶさわえいいち》　39歳《さい》
グラント将軍《しょうぐん》　57歳《さい》
福田《ふくだ》のもとで修行《しゅぎょう》をつんだ
治五郎《じごろう》も　このメンバーに
えらばれていました

でやあっ！
あの青年《せいねん》小柄《こがら》なのになかなかやりますな
彼《かれ》は東京大学《とうきょうだいがく》の学士《がくし》なのですよ
そんなエリートが武術《ぶじゅつ》を⁉
ふっふっふっまったく たいしたかわり者《もの》ですよ

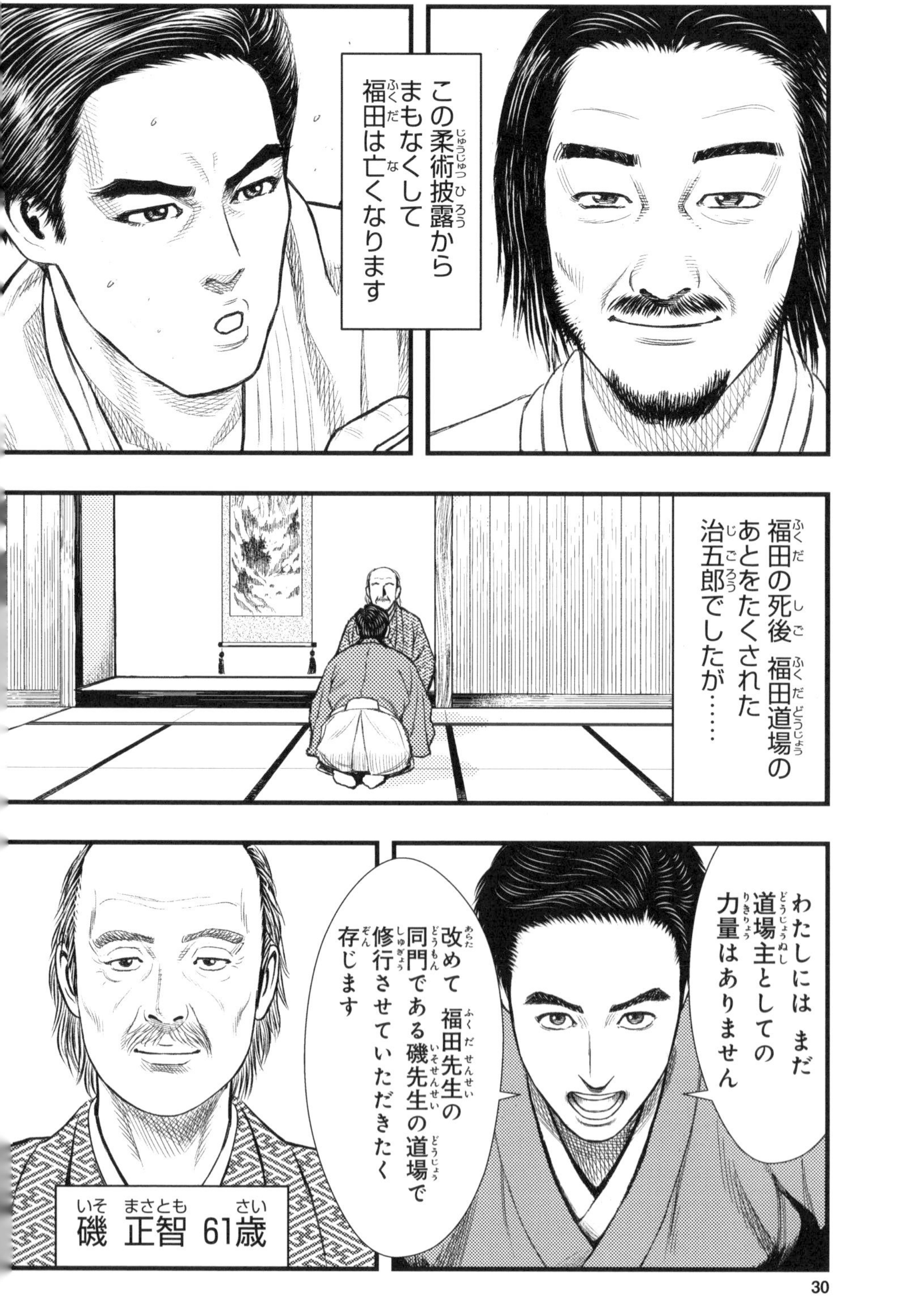
この柔術《じゅうじゅつ》披露《ひろう》から まもなくして 福田《ふくだ》は亡《な》くなります
福田《ふくだ》の死後《しご》 福田《ふくだ》道場《どうじょう》の あとをたくされた 治五郎《じごろう》でしたが……
わたしには まだ 道場主《どうじょうぬし》としての 力量《りきりょう》はありません
改《あらた》めて 福田《ふくだ》先生《せんせい》の 同門《どうもん》である磯《いそ》先生《せんせい》の道場《どうじょう》で 修行《しゅぎょう》させていただきたく 存《ぞん》じます
磯《いそ》 正智《まさとも》 61歳《さい》

いやはや　なんと
謙虚《けんきょ》な心《こころ》がけ
入門《にゅうもん》というなら
ぜひ道場生《どうじょうせい》の指導《しどう》にも
あたってもらいたい
昼《ひる》は学生《がくせい》として勉学《べんがく》にはげみ
夜《よる》は柔術《じゅうじゅつ》の稽古《けいこ》と指導《しどう》をする
治五郎《じごろう》の疲労《ひろう》は激《はげ》しく――
帰《かえ》り道《みち》で　いねむりを
してしまうことも
しばしばでした

第《だい》2章《しょう》 講道館《こうどうかん》の「柔道《じゅうどう》」

一八八一年《ねん》 教育者《きょういくしゃ》を志《こころざ》した 治五郎《じごろう》は 東京大学文学部《とうきょうだいがくぶんがくぶ》を 修了後《しゅうりょうご》 さらに1年大学《ねんだいがく》に とどまり 哲学《てつがく》を学《まな》びます
東京大学《とうきょうだいがく》の教授《きょうじゅ》のなかには 日本美術《にほんびじゅつ》を愛《あい》した 哲学者《てつがくしゃ》の フェノロサがいました
——このように アテネの人《ひと》びとは 民主主義《みんしゅしゅぎ》という 最良《さいりょう》の政治《せいじ》システムを つくりあげたのです
アーネスト・フェノロサ 28歳《さい》

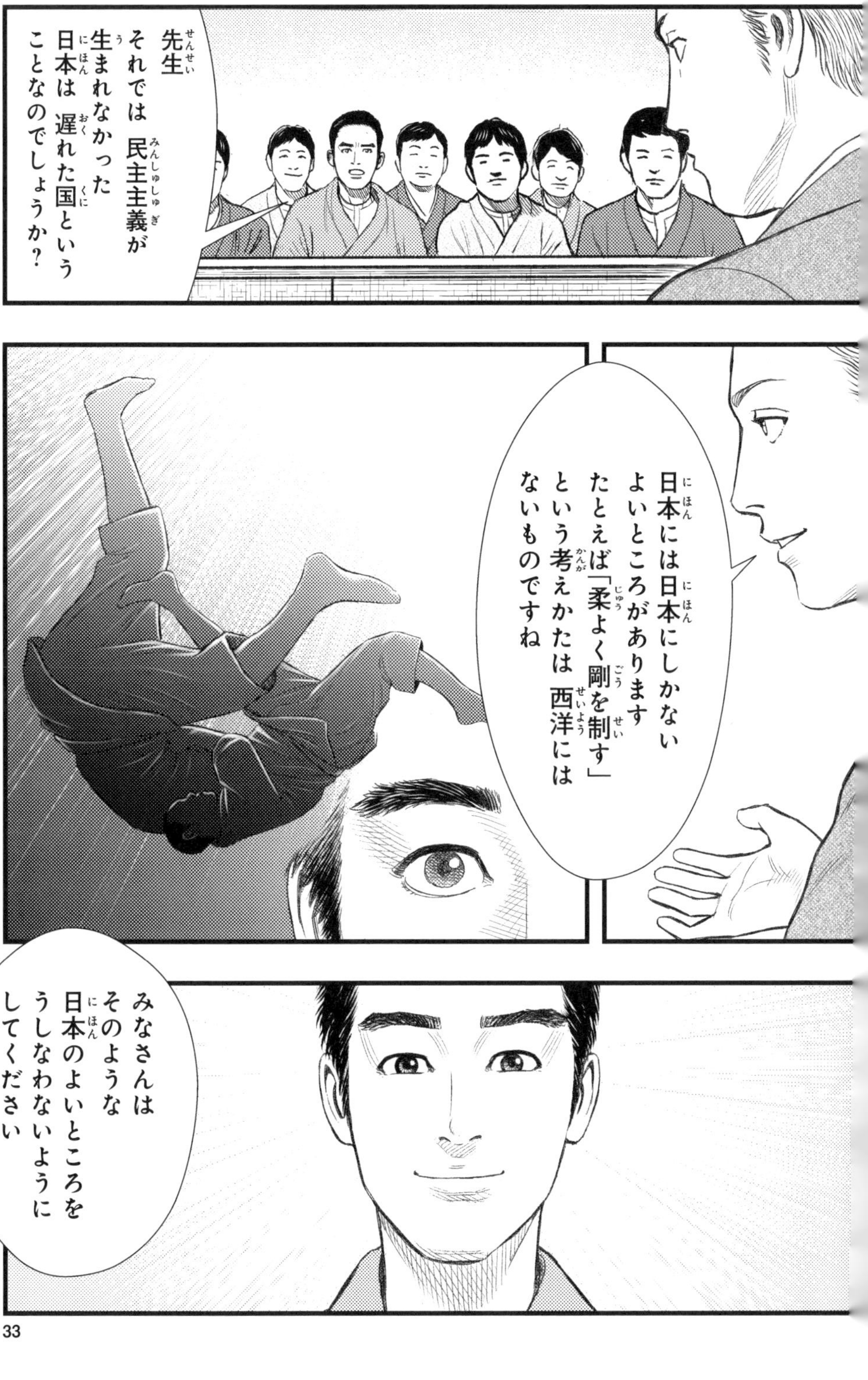
先生《せんせい》 それでは 民主主義《みんしゅしゅぎ》が生《う》まれなかった日本《にほん》は 遅《おく》れた国《くに》ということなのでしょうか？
日本《にほん》には日本《にほん》にしかないよいところがありますたとえば「柔《じゅう》よく剛《ごう》を制《せい》す」という考《かんが》えかたは 西洋《せいよう》にはないものですね
みなさんはそのような日本《にほん》のよいところをうしなわないようにしてください

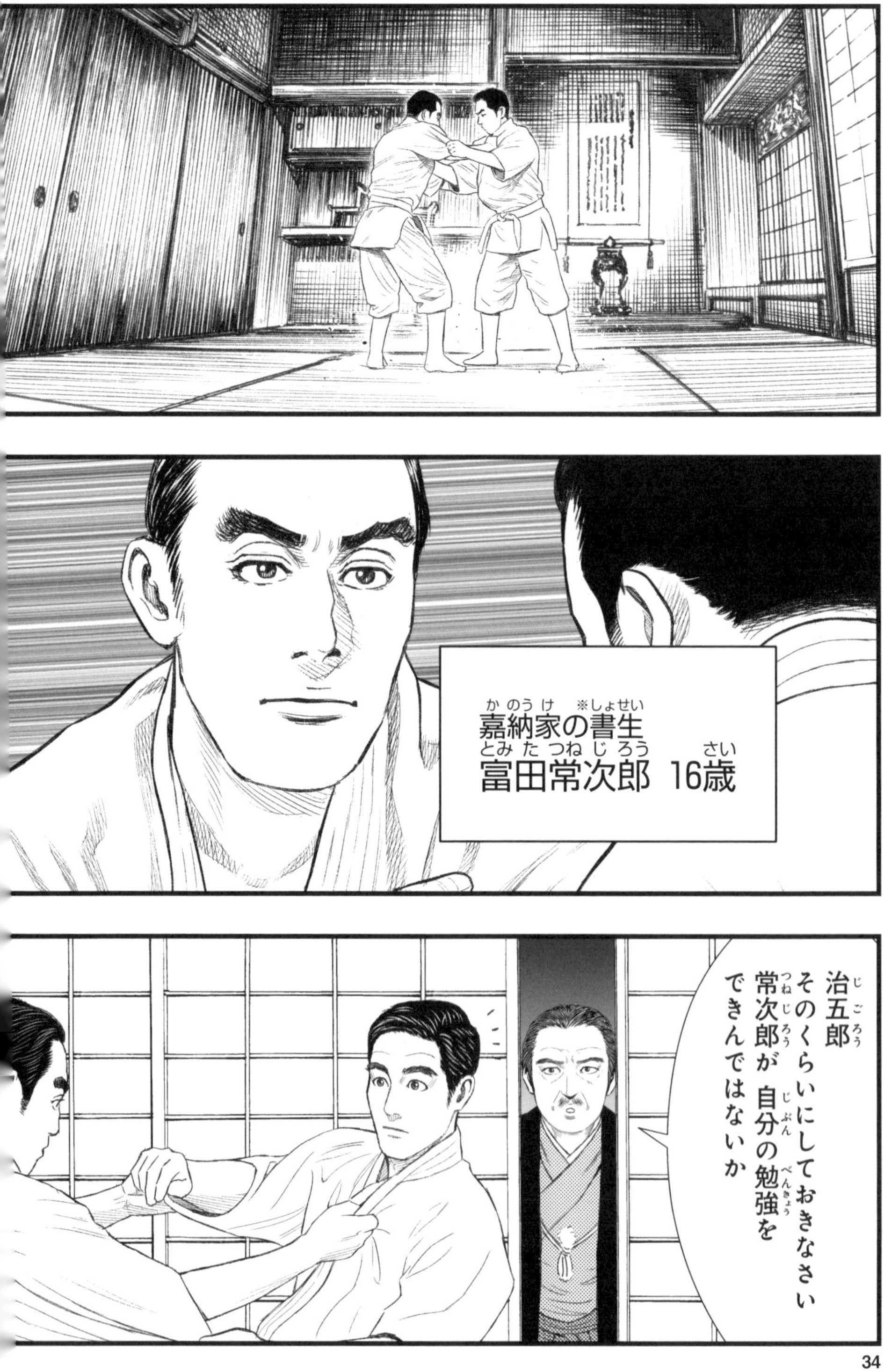
嘉納家《かのうけ》の※書生《しょせい》
富田常次郎《とみたつねじろう》 16歳《さい》
治五郎《じごろう》
そのくらいにしておきなさい
常次郎《つねじろう》が 自分《じぶん》の勉強《べんきょう》を
できんではないか

※他人《たにん》の家《いえ》に住《す》みこんで、家事《かじ》を手伝《てつだ》いながら勉強《べんきょう》する学生《がくせい》のこと

それは気《き》がつかなかった すまない 常次郎《つねじろう》
いえ 坊《ぼっ》ちゃん……
それに 東京大学《とうきょうだいがく》の学士《がくし》である おまえが 柔術《じゅうじゅつ》などに うつつをぬかして おるのも感心《かんしん》せん
お言葉《ことば》ですが 父上《ちちうえ》 日本《にほん》の柔術《じゅうじゅつ》は 西洋《せいよう》の スパラやラスラにも けっして後《おく》れを とってはおりません
フェノロサ先生《せんせい》も 「日本《にほん》のよいところを うしなわぬように」と おっしゃっています
ふん！

いつか 父上《ちちうえ》にもわかってもらえる……
常次郎《つねじろう》 おまえもいっていいぞ
いえ! 続《つづ》けさせてください 柔《やわら》はおぼえる技《わざ》が多《おお》くておもしろいです
そ そうか!
常次郎《つねじろう》は のちに治五郎《じごろう》が設立《せつりつ》する道場《どうじょう》「講道館《こうどうかん》」で四天王《してんのう》と呼《よ》ばれる実力者《じつりょくしゃ》のひとりになっていきます

ふたり目《め》の師《し》である
磯《いそ》が亡《な》くなると 治五郎《じごろう》は
さらに※柔術《じゅうじゅつ》を深《ふか》めるため
起倒流《きとうりゅう》の飯久保恒年《いいくぼつねとし》に学《まな》びます
飯久保恒年《いいくぼつねとし》 50歳《さい》
!?
グッ
ダン

※江戸《えど》時代《じだい》の初期《しょき》からうけつがれる柔術《じゅうじゅつ》の流派《りゅうは》

どうじゃ 天神真楊流《てんじんしんようりゅう》とは だいぶちがうであろう
はい 驚《おどろ》きました なぜ こうもかんたんに 投《な》げられてしまう ものかと……
柔術《じゅうじゅつ》の世界《せかい》は わたしが考《かんが》えるより はるかに広《ひろ》い！
起倒流《きとうりゅう》は 投《な》げ技《わざ》主体《しゅたい》の 流派《りゅうは》で のちに治五郎《じごろう》が みずからの流派《りゅうは》をつくる 際《さい》には 多《おお》くの投《な》げ技《わざ》を 起倒流《きとうりゅう》からとりいれました
永昌寺
一八八二年《ねん》 治五郎《じごろう》は 下谷北稲荷町《したやきたいなりちょう》（現在《げんざい》の東京都《とうきょうと》 台東区東上野《たいとうくひがしうえの》あたり）の 永昌寺《えいしょうじ》の書院《しょいん》をかり その一間《ひとま》を道場《どうじょう》とします

わたしは まだ若《わか》く
諸君《しょくん》にものを教《おし》えるのに
適《てき》した人間《にんげん》かどうかも
わからない
しかし 諸君《しょくん》とともに
成長《せいちょう》していくことはできる
わたしについてくるのではなく
わたしとともに歩《あゆ》んでくれ
この永昌寺《えいしょうじ》で治五郎《じごろう》は
道場《どうじょう》とは別《べつ》に 学問《がくもん》と
人《ひと》としての生《い》きかたを
教《おし》える塾《じゅく》もひらきました
この塾《じゅく》は やがて
「嘉納塾《かのうじゅく》」と呼《よ》ばれる
こととなります

※治五郎《じごろう》の書生《しょせい》だった富田常次郎《とみたつねじろう》の息子《むすこ》、常雄《つねお》によって書《か》かれた長編小説《ちょうへんしょうせつ》。治五郎《じごろう》をはじめとする実在《じつざい》の人物《じんぶつ》をモデルにした登場人物《とうじょうじんぶつ》たちが活躍《かつやく》する

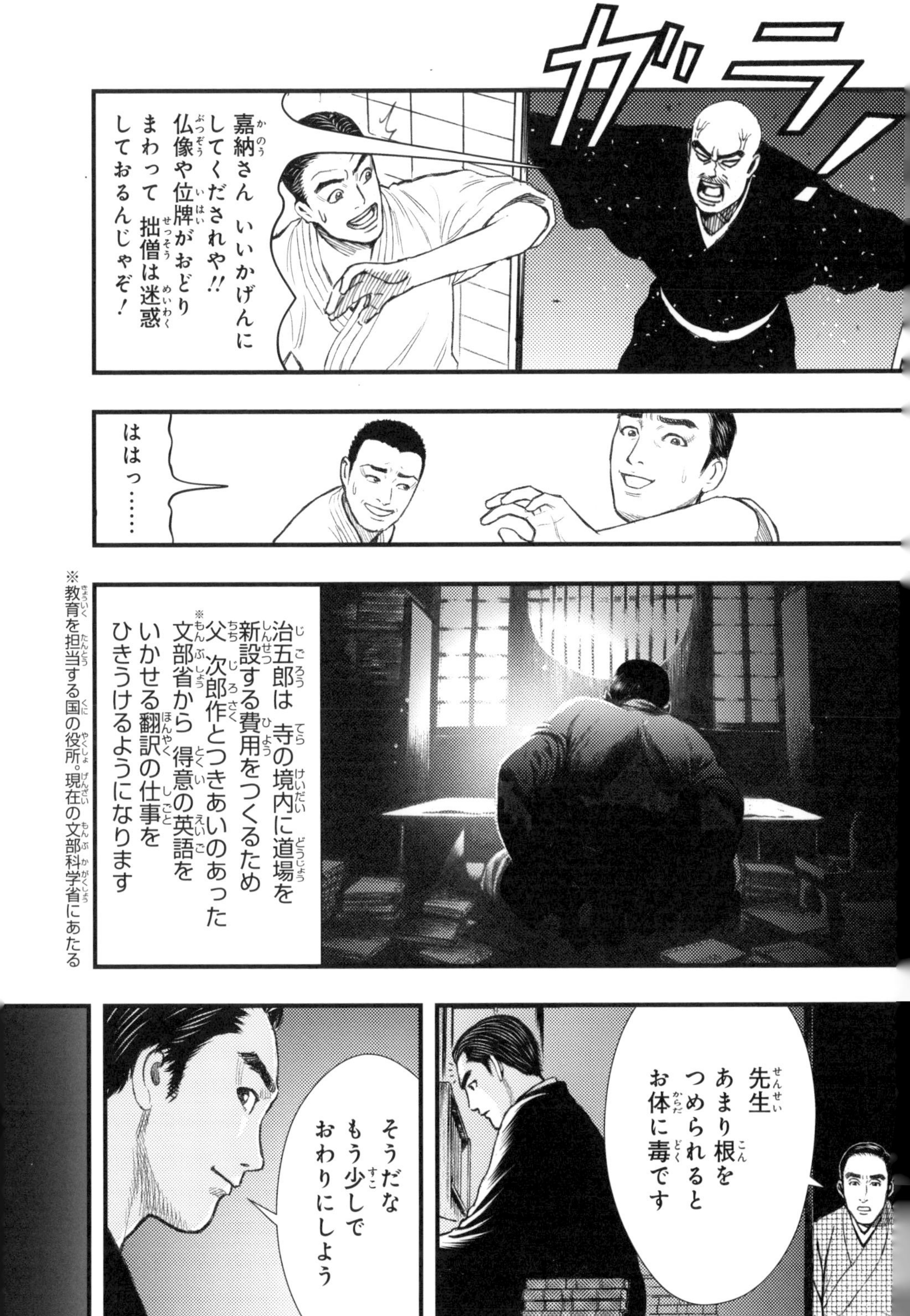
ガラッ!
嘉納《かのう》さん いいかげんにしてくだされや!!
仏像《ぶつぞう》や位牌《いはい》がおどりまわって 拙僧《せっそう》は迷惑《めいわく》しておるんじゃぞ!
ははっ……
治五郎《じごろう》は 寺《てら》の境内《けいだい》に道場《どうじょう》を新設《しんせつ》する費用《ひよう》をつくるため 父《ちち》 次郎作《じろさく》とつきあいのあった ※文部省《もんぶしょう》から 得意《とくい》の英語《えいご》をいかせる翻訳《ほんやく》の仕事《しごと》をひきうけるようになります
先生《せんせい》 あまり根《こん》をつめられると お体《からだ》に毒《どく》です
そうだな もう少《すこ》しで おわりにしよう

※教育《きょういく》を担当《たんとう》する国《くに》の役所《やくしょ》。現在《げんざい》の文部《もんぶ》科学省《かがくしょう》にあたる

まだ明《あ》かりが……?
先生《せんせい》……
先生《せんせい》どうかなさいましたか?
うむ 文部省《もんぶしょう》に出《で》むかなければならんのだが……
穴《あな》のあいていない帽子《ぼうし》がない

これで
なんとか……
よし 出《で》かけよう
先生《せんせい》は……
柔《やわら》や学問《がくもん》を広《ひろ》めるために
われら柔術《じゅうじゅつ》の内弟子《うちでし》だけでなく
嘉納塾《かのうじゅく》の書生《しょせい》たちの
食事《しょくじ》の面倒《めんどう》を……
――……

常次郎《つねじろう》 わたしは
これを苦労《くろう》などと
おもったことはない
自分《じぶん》の修行《しゅぎょう》とは またちがう……
弟子《でし》を教《おし》え みなの心《こころ》と体《からだ》を
育《そだ》てることが わたしは
楽《たの》しくてしかたないのだよ
せ
先生《せんせい》……
東京大学《とうきょうだいがく》で哲学《てつがく》の選科《せんか》を
卒業《そつぎょう》した治五郎《じごろう》は
※学習院《がくしゅういん》の講師《こうし》をつとめる
ことになります

※一八七七年《ねん》に創立《そうりつ》された学校《がっこう》。現在《げんざい》の学習院大学《がくしゅういんだいがく》のもとになった

※1 天皇《てんのう》をのぞいた天皇家《てんのうけ》の一族《いちぞく》 ※2 かつての大名《だいみょう》や公家《くげ》など、特権的《とっけんてき》な身分《みぶん》をあたえられていた人《ひと》びと

※ものごとの本質《ほんしつ》をなす、もっとも大切《たいせつ》な部分《ぶぶん》

一八八二年《ねん》の夏《なつ》――
永昌寺《えいしょうじ》の境内《けいだい》に
新《あたら》しい道場《どうじょう》が完成《かんせい》します
ついに完成《かんせい》しましたね
……講道館柔道《こうどうかんじゅうどう》？
講道館柔道

われわれの柔術《じゅうじゅつ》は
天神真楊流《てんじんしんようりゅう》でもなければ
起倒流《きとうりゅう》でもない
そうおもわないか？
そうですね
嘉納先生《かのうせんせい》がまとめた
いわば「嘉納流《かのうりゅう》」だ
これからは 小手先《こてさき》の術《じゅつ》ではなく
より大《おお》きな「道《みち》」をおこなうという
意味《いみ》で「柔《やわら》」に道《みち》という字《じ》をつけた
柔
「柔道《じゅうどう》」だ
柔《じゅう》……道《どう》
——なるほど！

それでは「講道館《こうどうかん》」とは？
心身《しんしん》の力《ちから》をもっとも有効《ゆうこう》につかう「道《みち》」である柔道《じゅうどう》を「※1講《こう》ずる」場所《ばしょ》という意味《いみ》だ
これまでの武術《ぶじゅつ》のように秘伝《ひでん》をつくらず技《わざ》を　※2力学《りきがく》と※3生理《せいり》とにもとづいて教《おし》えようとおもう
囲碁《いご》や将棋《しょうぎ》のように段位《だんい》のしくみをつくり入門者《にゅうもんしゃ》が自分《じぶん》で上達《じょうたつ》を実感《じっかん》できるようなものにするつもりだ
こうして治五郎《じごろう》は学習院《がくしゅういん》で教《おし》えながら柔道《じゅうどう》の普及《ふきゅう》に力《ちから》をつくすようになります
講道館《こうどうかん》の弟子《でし》たちが八谷孫六《はちやまごろく》という柔術家《じゅうじゅつか》の道場開《どうじょうびら》きにまねかれたとされるのはそのころのことでした

※1　学問《がくもん》などについて意味《いみ》や内容《ないよう》を説明《せつめい》したり、講義《こうぎ》したりすること　※2　力《ちから》や運動《うんどう》について研究《けんきゅう》する学問《がくもん》

※3　ここでは、人体《じんたい》の機能《きのう》やしくみのこと

※1 組《く》みあって、おたがいに自由《じゆう》に技《わざ》をかけあう稽古《けいこ》のこと

※2 警察官《けいさつかん》に柔術《じゅうじゅつ》を指導《しどう》する係《かかり》のこと

※3 ここでは、古《ふる》くから伝《つた》わる古流柔術《こりゅうじゅうじゅつ》のこと

だが負《ま》ければ
講道館《こうどうかん》の名《な》が
地《ち》に落《お》ちる……
ドオッ
ザッ
ザッ

おのれっ！

ギギギ
そ　それまでっ！
オオオオッ
講道館柔道《こうどうかんじゅうどう》は
その実力《じつりょく》を認《みと》められ
着実《ちゃくじつ》に※門人《もんじん》の数《かず》を
ふやしていきました

※門下《もんか》の人《ひと》、弟子《でし》のこと

やがて 治五郎《じごろう》は
起倒流《きとうりゅう》の師《し》 飯久保《いいくぼ》との
乱取《らんど》りのなかで
ひとつの発見《はっけん》をします
——そうか!
グッ
ググググ…
ダン
……うむ
見事《みごと》じゃ

わたしが引《ひ》けば 自然《しぜん》と
相手《あいて》は前《まえ》に倒《たお》れまいと力《りき》み
反対《はんたい》に 押《お》せばうしろに
倒《たお》れまいと力《りき》む
その本能《ほんのう》を逆手《さかて》にとり
相手《あいて》の体勢《たいせい》を「崩《くず》し」て
投《な》げるのですね
もう 乱取《らんど》りで
お主《ぬし》に教《おし》えることは
ないようだ
これからは※型《かた》を
学《まな》ぶがよい
はい！
この「崩《くず》し」という技術《ぎじゅつ》が 柔道《じゅうどう》の
投《な》げ技《わざ》の基本《きほん》になっていきます

※技《わざ》の本質《ほんしつ》を凝縮《ぎょうしゅく》した一定《いってい》の動《うご》きを、くりかえしおこなう稽古《けいこ》

やった……！
甘《あま》い！
こちらが工夫《くふう》すれば
相手《あいて》も工夫《くふう》する
よくよく工夫《くふう》せねば
勝《か》つことはできんぞ

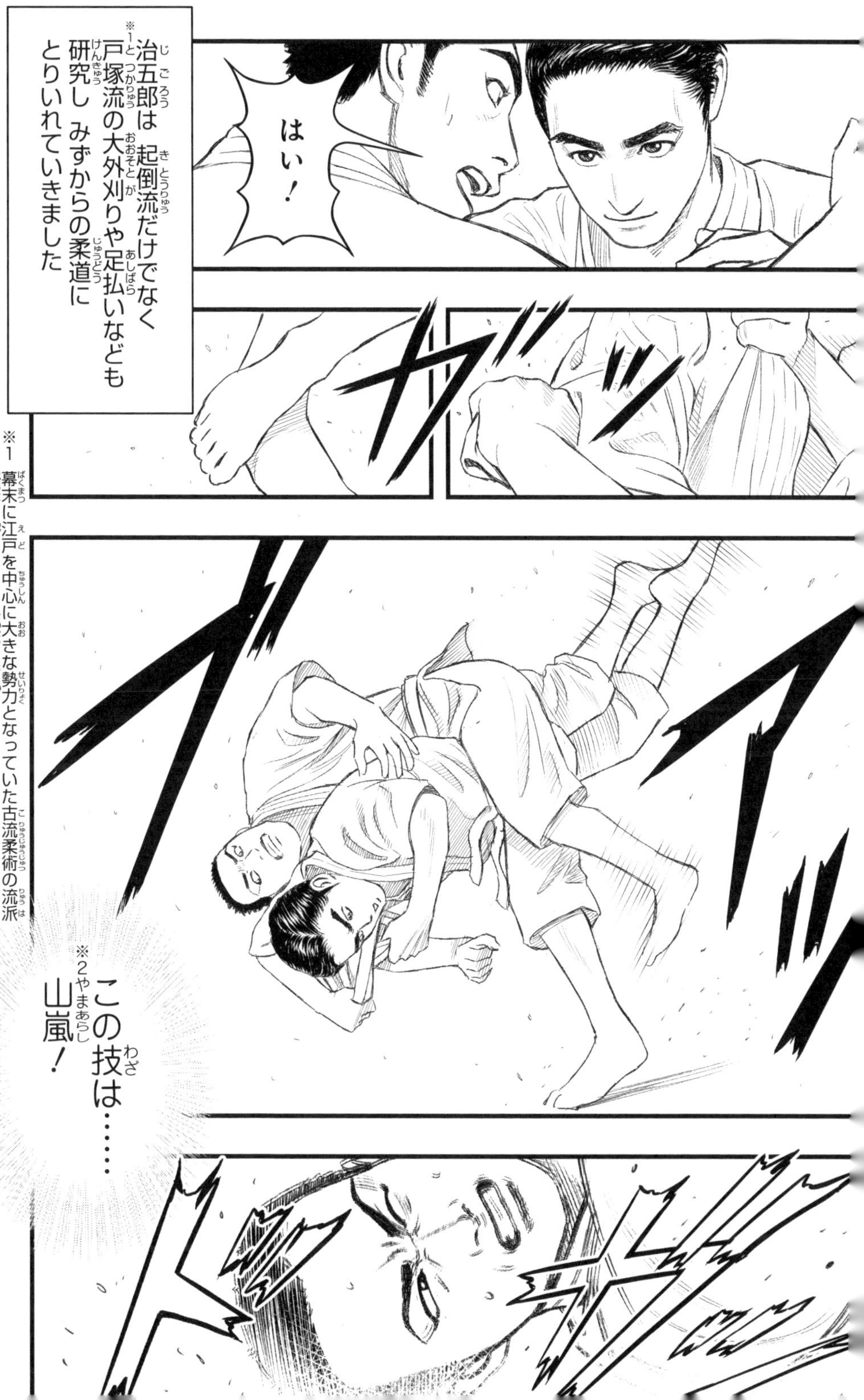

※1 幕末《ばくまつ》に江戸《えど》を中心《ちゅうしん》に大《おお》きな勢力《せいりょく》となっていた古流柔術《こりゅうじゅうじゅつ》の流派《りゅうは》

※2 柔道《じゅうどう》の技《わざ》のひとつ。西郷《さいごう》が得意《とくい》としていたとされる

ガヤガヤ‥
一八八六年《ねん》六月《がつ》十日《とおか》
警視庁《けいしちょう》が開催《かいさい》した
第《だい》2回《かい》奉納《ほうのう》武術《ぶじゅつ》大会《たいかい》に
講道館《こうどうかん》柔道《じゅうどう》が参加《さんか》しました
おい きたぞ
ザワザワ‥
ザワザワ‥
やつらが ここ最近《さいきん》
勢力《せいりょく》をのばしてきている
講道館《こうどうかん》柔道《じゅうどう》か
嘉納《かのう》の弟子《でし》は
あの中村半助《なかむらはんすけ》を
破《やぶ》ったというぞ

ふん
話題《わだい》の「柔道《じゅうどう》」とやらを
警視総監《けいしそうかん》の前《まえ》でコテンパンに
のしてしまえば
わが流派《りゅうは》が警視庁《けいしちょう》に
採用《さいよう》されるかもしれんぞ
警視総監《けいしそうかん》
三島通庸《みしまみちつね》
それにしても
嘉納《かのう》の　あの姿《すがた》は……
ズン
これはこれは　嘉納先生《かのうせんせい》
われらの相手《あいて》など
ご自分《じぶん》がするまでもないと
お考《かんが》えですか？

わたしの技《わざ》と心《こころ》は
すべて彼《かれ》らに
伝《つた》えています
この者《もの》たちの負《ま》けは
講道館柔道《こうどうかんじゅうどう》　そして
この嘉納治五郎《かのうじごろう》の
敗北《はいぼく》です
……その言葉《ことば》
忘《わす》れるな！
講道館《こうどうかん》　西郷四郎《さいごうしろう》くん対《たい》
戸塚流《とつかりゅう》　照島太郎《てるしまたろう》先生《せんせい》
ワイワイ。

西郷《さいごう》にも先生《せんせい》をつけろ！
あの体格差《たいかくさ》じゃあおもわず「くん」をつけてしまうよな
西郷《さいごう》ってのは講道館《こうどうかん》四天王《してんのう》最強《さいきょう》なんていわれてるがさすがにあんな小柄《こがら》じゃあ……
富田《とみた》さんは 中村半助《なかむらはんすけ》に勝《か》ったおれは照島《てるしま》に勝《か》たねばならぬ！
勝負《しょうぶ》 30分《ぷん》！

先生《せんせい》
「一本勝負《いっぽんしょうぶ》」でなく
ただ「勝負《しょうぶ》」と
いうことは……
一本《いっぽん》も判定《はんてい》もなく
30分《ぷん》 どちらかが
完全《かんぜん》に力《ちから》つきるまで
ということだ
照島《てるしま》は
けっして力《ちから》だけの
相手《あいて》ではない……
技《わざ》もきれる
やあっ!
だが

スタッ
オ〜
おのれっ!
ダ
ズダッ

まるで猿《さる》……いや
猫《ねこ》だね ありゃ！
……猫《ねこ》ではない
虎《とら》だ
ゾク
ザッ

先生《せんせい》！
見事《みごと》な山嵐《やまあらし》だ
そ　それまで！

スッ
武士《ぶし》は
武士《ぶし》の心《こころ》を
知《し》る……か
そのほかの試合《しあい》も
一《いち》二《に》の引《ひ》きわけをのぞき
講道館《こうどうかん》の圧勝《あっしょう》でした
講道館柔道《こうどうかんじゅうどう》は　大《おお》いに評価《ひょうか》を高《たか》め
警察官《けいさつかん》の学《まな》ぶ武術《ぶじゅつ》として
警視庁《けいしちょう》に公式《こうしき》に採用《さいよう》されます

※ここでは、相手《あいて》に話《はな》しかけるときの挨拶《あいさつ》の語《ご》。「ごめんください」という意味《いみ》

西郷《さいごう》 武士《ぶし》の情《なさ》け……
ありがたく頂戴《ちょうだい》した
嘉納《かのう》……先生《せんせい》！
柔術《じゅうじゅつ》の未来《みらい》を
講道館柔道《こうどうかんじゅうどう》にたくして
よろしいのですな
これから ともに
がんばりましょう
講道館柔道《こうどうかんじゅうどう》は 大《おお》きくなるなかで
ほかの柔術《じゅうじゅつ》の流派《りゅうは》をとりこんでいきました
柔術家《じゅうじゅつか》たちのなかには 柔道《じゅうどう》の教師《きょうし》となり
講道館柔道《こうどうかんじゅうどう》をもりたてた人《ひと》もいました

こののちも講道館《こうどうかん》四天王《してんのう》の横山作次郎《よこやまさくじろう》が　常次郎《つねじろう》と死闘《しとう》を演《えん》じた中村半助《なかむらはんすけ》と引《ひ》きわけ　その名《な》をとどろかせました

おなじく四天王《してんのう》の山下義韶《やましたよしつぐ》はアメリカにわたり　セオドア・ルーズベルト大統領《だいとうりょう》の前《まえ》で身長《しんちょう》2メートルのレスラーを倒《たお》してみせました
山下《やました》は　その実力《じつりょく》を認《みと》められアメリカ海軍兵学校《かいぐんへいがっこう》の教官《きょうかん》をつとめることとなります

講道館柔道《こうどうかんじゅうどう》は　こうして拡大《かくだい》を続《つづ》け一九二一年《ねん》には　館員数《かんいんすう》2万《まん》2千人《せんにん》有段者《ゆうだんしゃ》は6400人《にん》になります

第《だい》3章《しょう》 力《つと》むれば必《かなら》ず達《たっ》す

あなたがたが志《こころざ》している
教師《きょうし》とは
人間《にんげん》をつくる職業《しょくぎょう》です
人間《にんげん》をつくることは 国家《こっか》を
つくることとおなじです
そのつもりで
学《まな》んで……
ゴッ
ガッ
バッ
やめなさい！
なにがあったのですか？
こいつが……！

※努力《どりょく》すれば必《かなら》ず目標《もくひょう》を達成《たっせい》できる、という意味《いみ》

アナタは 日本《にほん》の武術家《ぶじゅつか》と 聞《き》いたが 本当《ほんとう》か
……はい 柔《やわら》を少《しょう》しょう
アナタのような 小《ちい》さい人《ひと》が武術家《ぶじゅつか》？ ありえない 大《おお》きい人《ひと》 小《ちい》さい人《ひと》より強《つよ》い これ真理《しんり》ね
日本《にほん》には「柔《じゅう》よく剛《ごう》を制《せい》す」という言葉《ことば》があります
ためしてごらんになりますか？

ケンカだ！
あの男《おとこ》殺《ころ》されるぞ！

危《あぶ》ない！

ドン
戦《たたか》った相手《あいて》をも
思《おも》いやる……
サムライだ！
ワァァァッ

この一件《いっけん》は のりあわせた
乗客《じょうきゃく》によって広《ひろ》められ
日本《にほん》の柔道《じゅうどう》の強《つよ》さは 海外《かいがい》へも
知《し》れわたっていきました
帰国後《きこくご》ほどなくして
治五郎《じごろう》は 姉《あね》の紹介《しょうかい》で
竹添須磨子《たけぞえすまこ》と結婚《けっこん》します
文部省《もんぶしょう》の役人《やくにん》
木下広次《きのしたひろじ》 40歳《さい》
木下《きのした》さん このたびは世話《せわ》を やいていただき 本当《ほんとう》に感謝《かんしゃ》して おります
治五郎《じごろう》と須磨子《すまこ》の双方《そうほう》と
親交《しんこう》のあった木下《きのした》が
この縁談《えんだん》をとりもちました

※現在《げんざい》の熊本大学《くまもとだいがく》の前身《ぜんしん》となった学校《がっこう》

嘉納《かのう》先生《せんせい》が新校長《しんこうちょう》に
なられたうえに
外国人《がいこくじん》の先生《せんせい》も
やってくるなんて
わが校《こう》も進《すす》んだ学校《がっこう》に
なりそうだ
welcome
治五郎《じごろう》が
熊本《くまもと》に赴任《ふにん》したのと
おなじ時期《じき》に
第五高等中学校《だいごこうとうちゅうがっこう》に
赴任《ふにん》してきたのが……
小説《しょうせつ》『怪談《かいだん》』を
書《か》いたことで知《し》られる
ラフカディオ・ハーン
(小泉八雲《こいずみやくも》)です
ミナサン
ハジメマシテ〜
ラフカディオ・ハーン 41歳《さい》

ドォ
オォ…
ヒュン
オオ……
日本《にほん》のジュージュツ
ワンダフル！
ジュージュツではない
講道館柔道《こうどうかんじゅうどう》です
ジュードー……
ジュージュツ？
のちにハーンは
日本《にほん》での体験《たいけん》をもとに
『柔術《じゅうじゅつ》』を書《か》きあげます
その内容《ないよう》には柔術《じゅうじゅつ》と柔道《じゅうどう》を
混同《こんどう》した部分《ぶぶん》もありますが
講道館柔道《こうどうかんじゅうどう》をヨーロッパに
広《ひろ》めることになりました

第《だい》4章《しょう》 広《ひろ》まっていく教《おし》え

ところが 熊本赴任《くまもとふにん》から わずか2年足《ねんた》らずで 治五郎《じごろう》は東京《とうきょう》に 呼《よ》びもどされます
先生《せんせい》 いかないで ください
せっかく 先生《せんせい》の教《おし》えが 浸透《しんとう》してきたのに……
自分《じぶん》としても もちろん 去《さ》りたくはないが……
いま東京《とうきょう》では 教科書検定《きょうかしょけんてい》の方針《ほうしん》が 外部《がいぶ》に もれる事件《じけん》があってね その後始末《あとしまつ》をするために どうしてもと呼《よ》ばれている
熊本《くまもと》も もちろん大切《たいせつ》だが みながつかう教科書《きょうかしょ》は 国全体《くにぜんたい》にかかわることなのだ わかってほしい
先生《せんせい》……

さすが 大《たい》した仕事《しごと》ぶりだ きみにもどってきてもらって 本当《ほんとう》に助《たす》かっているよ
しかし 本音《ほんね》では 教育《きょういく》の現場《げんば》に もどりたいのだろう
いえ 自分《じぶん》は 任《にん》ぜられた仕事《しごと》に 全力《ぜんりょく》をつくすだけです
じつは いまつとめている ※第一高等中学校《だいいちこうとうちゅうがっこう》の校長《こうちょう》を やめることになってね
そのかわりを きみにつとめて ほしいんだが

※現在《げんざい》の東京大学教養学部《とうきょうだいがくきょうようがくぶ》の前身《ぜんしん》となった学校《がっこう》

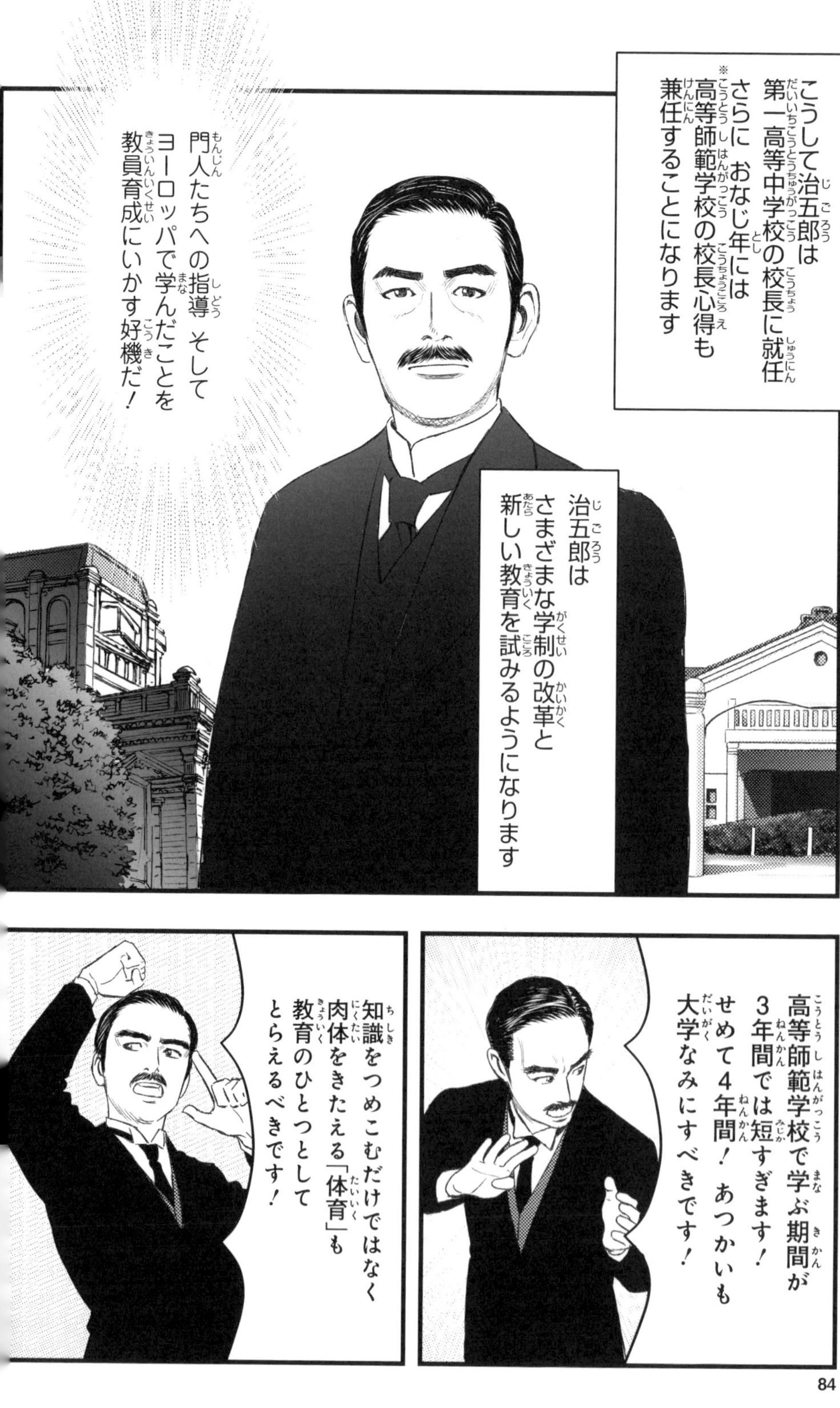
こうして治五郎《じごろう》は
第一高等中学校《だいいちこうとうちゅうがっこう》の校長《こうちょう》に就任《しゅうにん》
※さらに おなじ年《とし》には
高等師範学校《こうとうしはんがっこう》の校長心得《こうちょうこころえ》も
兼任《けんにん》することになります
門人《もんじん》たちへの指導《しどう》 そして
ヨーロッパで学《まな》んだことを
教員育成《きょういんいくせい》にいかす好機《こうき》だ！
治五郎《じごろう》は
さまざまな学制《がくせい》の改革《かいかく》と
新《あたら》しい教育《きょういく》を試《こころ》みるようになります
高等師範学校《こうとうしはんがっこう》で学《まな》ぶ期間《きかん》が
3年間《ねんかん》では短《みじか》すぎます！
せめて4年間《ねんかん》！ あつかいも
大学《だいがく》なみにすべきです！
知識《ちしき》をつめこむだけではなく
肉体《にくたい》をきたえる「体育《たいいく》」も
教育《きょういく》のひとつとして
とらえるべきです！

※教師《きょうし》を育成《いくせい》するための学校《がっこう》。現在《げんざい》の筑波大学《つくばだいがく》の前身《ぜんしん》となった

男女年齢《だんじょねんれい》の区別《くべつ》なくおこなえ
特別《とくべつ》な設備《せつび》もいらない
長距離走《ちょうきょりそう》は 将来《しょうらい》どこの学校《がっこう》に
赴任《ふにん》しても教《おし》えられる
体育《たいいく》の基本《きほん》だ
遊泳《ゆうえい》は 長距離走《ちょうきょりそう》より
さらに体育《たいいく》として
すぐれている
古流《こりゅう》の泳法《えいほう》を再編《さいへん》し
すべての※予科生《よかせい》に
実習《じっしゅう》を義務《ぎむ》づけたい
教師とは
まず心《しん》・技《ぎ》・体《たい》をかねそなえた
人格者《じんかくしゃ》でなければならない
きみたちは教育《きょういく》について研究《けんきゅう》する
研究者《けんきゅうしゃ》ではなく 教育《きょういく》を実践《じっせん》する
「教育者《きょういくしゃ》」なのだ！
治五郎《じごろう》の この方針《ほうしん》は
全国《ぜんこく》の師範学校《しはんがっこう》に広《ひろ》がっていきます

※高等師範学校《こうとうしはんがっこう》の本科《ほんか》に入《はい》る前《まえ》の予備《よび》の課程《かてい》のこと

一方《いっぽう》で 柔道《じゅうどう》の普及活動《ふきゅうかつどう》も
精力的《せいりょくてき》におこなっていました
講道館柔道《こうどうかんじゅうどう》を ならいたいという女性《じょせい》が 何人《なんにん》かきている
須磨子《すまこ》 女子《じょし》が柔道《じゅうどう》をならう ことについて おまえは どうおもう
……これからは 男女同権《だんじょどうけん》の世《よ》の中《なか》に なってゆくとおもいます 女性《じょせい》が柔道《じゅうどう》をするのが いけない ということは ないでしょう
しかし 結婚《けっこん》で不利《ふり》に なったりはしないだろうか
丈夫《じょうぶ》な赤《あか》ちゃんを産《う》むには 丈夫《じょうぶ》な体《からだ》が必要《ひつよう》です 柔道《じゅうどう》にかぎらず 女子《じょし》は どんどん体育《たいいく》を すべきだとおもいます
……うむ
治五郎《じごろう》は女子柔道《じょしじゅうどう》だけでなく 女子教育《じょしきょういく》にも力《ちから》を入《い》れるように なります

治五郎《じごろう》は 教育《きょういく》のため
また 柔道《じゅうどう》を広《ひろ》めるために
外国《がいこく》との交流《こうりゅう》もおこないました
一八九九年《ねん》
清国《しんこく》(現在《げんざい》の中国《ちゅうごく》)からの
留学生《りゅうがくせい》うけいれのための学校《がっこう》
※1「亦楽書院《えきらくしょいん》」を設立《せつりつ》
清国《しんこく》が※2列強《れっきょう》にいいように
利用《りよう》されているのは
日本《にほん》のためにもならない
きみたち若者《わかもの》の力《ちから》で
清国《しんこく》をたてなおしてほしい
先生《せんせい》……!
中国《ちゅうごく》の偉大《いだい》な文学者《ぶんがくしゃ》
※3魯迅《ろじん》も この学院《がくいん》の出身《しゅっしん》でした

※2 政治的《せいじてき》、経済的《けいざいてき》に強《つよ》い国《くに》のこと。このころ清国《しんこく》はドイツ、ロシア、イギリス、フランスなどから政治的《せいじてき》な圧力《あつりょく》をうけていた

※3 『狂人日記《きょうじんにっき》』、『阿Q正伝《あキューせいでん》』など多《おお》くの小説《しょうせつ》を発表《はっぴょう》し、中国《ちゅうごく》の文学《ぶんがく》に大《おお》きな功績《こうせき》をのこした

第《だい》5章《しょう》 オリンピックへの道《みち》

一九〇九年《ねん》春《はる》 治《じ》五郎《ごろう》は 駐日《ちゅうにち》フランス大使《たいし》 オーギュスト・ジェラールから 会見《かいけん》のもうしこみをうけました
国際《こくさい》オリンピック大会《たいかい》のことは ご存《ぞん》じですね？
はい スポーツを通《とお》して 国際親善《こくさいしんぜん》を進《すす》める すばらしいお考《かんが》えです

フランスの ※ピエール・ド・クーベルタンの はたらきかけではじまった 近代《きんだい》オリンピックの第《だい》1回大会《かいたいかい》は 一八九六年《ねん》 ギリシャのアテネで 開催《かいさい》されました

※フランスの教育家《きょういくか》。古代《こだい》ギリシャでおこなわれていたオリンピックを、近代《きんだい》に復活《ふっかつ》させた

いまIOC《アイオーシー》（国際《こくさい》オリンピック委員会《いいんかい》）の委員《いいん》はヨーロッパ各国《かっこく》の人《ひと》びとで構成《こうせい》されていて アジアからの委員《いいん》はまだいません
そのIOC《アイオーシー》にアジア初《はつ》の委員《いいん》としてあなたに参加《さんか》してほしいのです
わたしがIOC《アイオーシー》の委員《いいん》に……
あなたが海外《かいがい》でおこなってきた柔道《じゅうどう》の普及《ふきゅう》活動《かつどう》が高《たか》く評価《ひょうか》されたのです
古代《こだい》のオリンピックは戦争《せんそう》にあけくれたギリシャの都市《とし》国家《こっか》が 4年《ねん》に一度《いちど》戦争《せんそう》を忘《わす》れて体育《たいいく》で競《きそ》いあうものだったと聞《き》いています
オリンピックの理念《りねん》はわたしの理想《りそう》とおなじです
よろこんでお引《ひ》きうけいたしましょう！

大日本体育協会《だいにほんたいいくきょうかい》
国際《こくさい》オリンピック大会《たいかい》に日本《にほん》は アジア初《はつ》の出場国《しゅつじょうこく》として招待《しょうたい》されました！これは 日本《にほん》が真《しん》の意味《いみ》で一等国《いっとうこく》になる好機《こうき》です！
しかし ずいぶんと予算《よさん》もかかる確実《かくじつ》にメダルがとれるわけでもないし……
参加《さんか》することに意義《いぎ》があるのです！
オリンピック出場《しゅつじょう》が決定《けってい》したことで出場選手《しゅつじょうせんしゅ》をえらぶ予選会《よせんかい》が開催《かいさい》されます
ザアア

※日本《にほん》のマラソン選手《せんしゅ》。このころは東京師範学校《とうきょうしはんがっこう》の学生《がくせい》で、卒業後《そつぎょうご》に教師《きょうし》となる。のちに日本《にほん》のマラソン界《かい》の発展《はってん》に力《ちから》をつくし、日本《にほん》の「マラソンの父《ちち》」と呼《よ》ばれた

将来《しょうらい》の日本《にほん》スポーツの
発展《はってん》のために ぜひ
わたしといっしょに
オリンピックに
いってくれ
は はい！
LUXEMBOURG
一九一二年《ねん》 スウェーデンの
ストックホルムで開催《かいさい》された
第《だい》5回《かい》オリンピック大会《たいかい》に
治五郎《じごろう》は 日本選手団《にほんせんしゅだん》の団長《だんちょう》
として参加《さんか》しました

パアン
ハァァ。
はじめは第《だい》2集団《しゅうだん》あたりで
健闘《けんとう》した金栗《かなぐり》でしたが……
炎天下《えんてんか》に調子《ちょうし》が乱《みだ》れ
熱射病《ねっしゃびょう》になってしまいます

ふんばろうとした金栗《かなぐり》でしたがついにコースから外《はず》れ倒《たお》れてしまいました
パタッ
す すみません
日本《にほん》はまだまだスポーツ後進国《こうしんこく》だ 今回《こんかい》 敗《やぶ》れたのはきみの責任《せきにん》ではないし日本人《にほんじん》の体力《たいりょく》が弱《よわ》いわけでもない
将来《しょうらい》があるのだからこれから しっかりやることだ

この大会《たいかい》では 金栗《かなぐり》の棄権《きけん》のしらせが
大会本部《たいかいほんぶ》にとどけられていませんでした
そのため 金栗《かなぐり》は「行方不明《ゆくえふめい》」という
あつかいになっていましたが 54年後《ねんご》
大会本部《たいかいほんぶ》のはからいで 改《あらた》めてゴールし
「世界一遅《せかいいちおそ》いマラソン記録《きろく》」を樹立《じゅりつ》しました
ボオオオオ…
若者《わかもの》が力《ちから》のかぎりを
つくして競《きそ》いあう
オリンピックこそ
教育《きょういく》の理想《りそう》
いずれ必《かなら》ず 日本《にほん》で
オリンピックを開催《かいさい》したい
治五郎《じごろう》は オリンピックの
東京招致《とうきょうしょうち》にむけて
積極的《せっきょくてき》に活動《かつどう》をはじめます

国内《こくない》では スポーツを盛《さか》んにする 意義《いぎ》を主張《しゅちょう》し——
青少年《せいしょうねん》がスポーツにはげむことは 体《からだ》を強《つよ》くするだけでなく 精神的《せいしんてき》 道徳的《どうとくてき》な成長《せいちょう》も もたらします
競《きそ》いあうことを通《つう》じて 勝敗《しょうはい》をこえた競技者《きょうぎしゃ》どうしの 交流《こうりゅう》と相互理解《そうごりかい》ができますし
競技者《きょうぎしゃ》としてだけでなく 国民《こくみん》ひとりひとりが 健康《けんこう》にはたらきつづけられる 丈夫《じょうぶ》な体《からだ》になるのです
海外《かいがい》にむけては 日本《にほん》で開催《かいさい》する意義《いぎ》を うったえました
古代《こだい》オリンピックを 現代《げんだい》に 復活《ふっかつ》させたのは ギリシャだけで おこなわれていた競技会《きょうぎかい》を 世界《せかい》に広《ひろ》めるためでもあったはず
ならば ヨーロッパだけでなくアジア そのなかでも もっとも オリンピックに情熱《じょうねつ》を傾《かたむ》ける 日本《にほん》が開催地《かいさいち》となるべきです！

一九二二年《ねん》ころから 治五郎《じごろう》は「精力善用《せいりょくぜんよう》」と「自他共栄《じたきょうえい》」という ふたつの理念《りねん》をとなえはじめます
精力善用 自他共栄
精力善用《せいりょくぜんよう》とは 心身《しんしん》の力《ちから》を最大限《さいだいげん》にいかし 社会《しゃかい》のために よい方向《ほうこう》にもちいること
自他共栄《じたきょうえい》とは 相手《あいて》を敬《うやま》い信頼《しんらい》して 自分《じぶん》だけでなく他人《たにん》とともに 栄《は》える世《よ》の中《なか》にすることです このふたつは 社会《しゃかい》の根本《こんぽん》です
精力善用《せいりょくぜんよう》と自他共栄《じたきょうえい》は 治五郎《じごろう》の人生《じんせい》を象徴《しょうちょう》する 理念《りねん》でした そして治五郎《じごろう》は オリンピックこそ この理念《りねん》の 結晶《けっしょう》だと考《かんが》えていたのです
一九三六年《ねん》 ドイツ ベルリン
ザワザワ

この年《とし》の八月《がつ》に開催《かいさい》される
ベルリンオリンピックの前月《ぜんげつ》
IOC《アイオーシー》総会《そうかい》で　次《つぎ》の開催地《かいさいち》をきめる
投票《とうひょう》がおこなわれました
最終候補《さいしゅうこうほ》は　フィンランドの
ヘルシンキと　東京《とうきょう》の2都市《とし》です
次回《じかい》オリンピック開催地《かいさいち》は——
東京《とうきょう》！

一九四〇年《ねん》のオリンピックが
東京《とうきょう》で開催《かいさい》されることが
きまったのです

しかし2年後《ねんご》 エジプトの
カイロでのIOC《アイオーシー》総会《そうかい》で……
ドイツは 前回《ぜんかい》の
ベルリンオリンピックを
自国《じこく》の政治活動《せいじかつどう》のために
利用《りよう》した
※中国《ちゅうごく》との間《あいだ》に問題《もんだい》をかかえる
日本《にほん》も おなじように
オリンピックを政治的《せいじてき》に
利用《りよう》するのではないか

※このころ日本《にほん》は中国《ちゅうごく》への進出《しんしゅつ》をきっかけにした戦争《せんそう》(日中戦争《にっちゅうせんそう》)が長期化《ちょうきか》し、国際的《こくさいてき》な非難《ひなん》をあびていた

スクッ
……オリンピックの そもそもの起源《きげん》を おもいだしていただきたい
国際情勢《こくさいじょうせい》が緊迫《きんぱく》する いまだからこそ オリンピックは東京《とうきょう》で 開催《かいさい》すべきなのです
若者《わかもの》たちが国境《こっきょう》をこえ スポーツで交流《こうりゅう》を深《ふか》める！ その舞台《ぶたい》をつくることが われわれのできる平和《へいわ》への 努力《どりょく》ではないでしょうか
パチッ パチッ
パチッ パチッ
こうして 2年後《ねんご》の オリンピックを予定通《よていどお》り 東京《とうきょう》で開催《かいさい》することが 確認《かくにん》されたのです
パチ

ボォォォォ…
しかし カイロ総会《そうかい》からの帰国《きこく》の船中《せんちゅう》で 治五郎《じごろう》は肺炎《はいえん》で倒《たお》れてしまいます
……ついに東京《とうきょう》オリンピックの実現《じつげん》までたどりついた
体《からだ》と心《こころ》を正《ただ》しく育《そだ》てれば――
人《ひと》は……世界中《せかいじゅう》の人《ひと》びとはともに繁栄《はんえい》できる

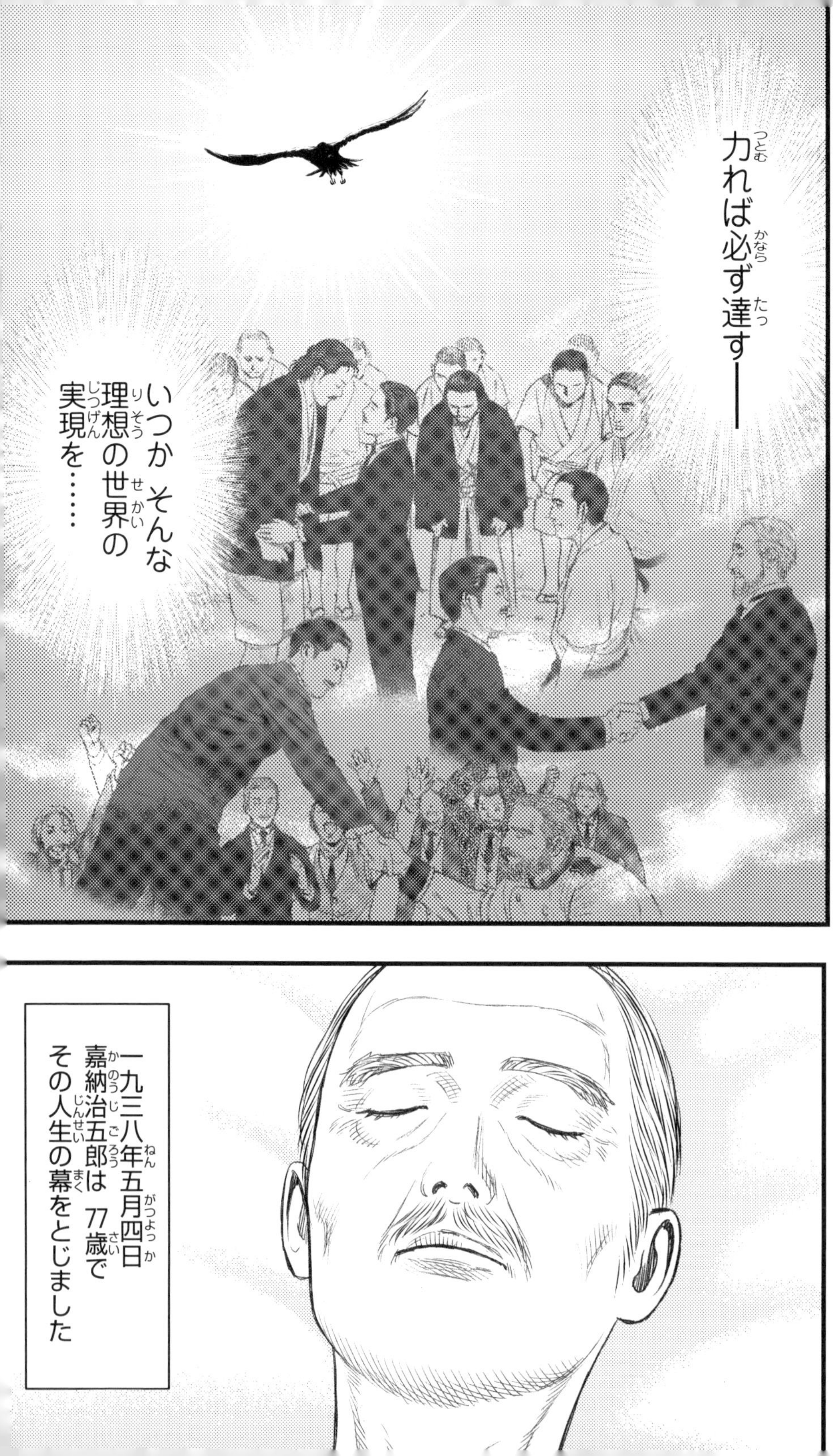
力《つとむ》れば必《かなら》ず達《たっ》す――
いつか そんな理想《りそう》の世界《せかい》の実現《じつげん》を……
一九三八年《ねん》五月四日《がつよっか》
嘉納治五郎《かのうじごろう》は 77歳《さい》で
その人生《じんせい》の幕《まく》をとじました

翌年《よくとし》の一九三九年《ねん》
※第二次世界大戦《だいにじせかいたいせん》がおこり
一九四〇年《ねん》の東京《とうきょう》オリンピックは
幻《まぼろし》と消《き》えましたが……
終戦後《しゅうせんご》の一九六四年《ねん》
ついに治五郎《じごろう》の悲願《ひがん》だった
東京《とうきょう》オリンピックが開催《かいさい》され
柔道《じゅうどう》が競技種目《きょうぎしゅもく》にくわわります
355名《めい》の日本選手《にほんせんしゅ》が出場《しゅつじょう》し
16個《こ》の金《きん》メダルをふくめた
29個《こ》のメダルを獲得《かくとく》しました

※日本《にほん》、ドイツ、イタリアなどの「枢軸国《すうじくこく》」と、アメリカ、イギリス、フランス、ソ連《れん》などの「連合国《れんごうこく》」との間《あいだ》でおこった世界規模《せかいきぼ》の戦争《せんそう》

力必達
FIGHT
理想《りそう》は必《かなら》ず実現《じつげん》すると信《しん》じて
努力《どりょく》を続《つづ》け その功績《こうせき》から
「柔道《じゅうどう》の生《う》みの親《おや》」
「日本体育《にほんたいいく》の父《ちち》」と
呼《よ》ばれる嘉納治五郎《かのうじごろう》
治五郎《じごろう》のはじめた柔道《じゅうどう》は
いまや 世界《せかい》の柔道《じゅうどう》として発展《はってん》し
二〇二〇年《ねん》には ふたたび東京《とうきょう》で
オリンピックが開催《かいさい》されるのです

Jigoro Kano

ためになる学習《がくしゅう》資《し》料室《りょうしつ》

- もっとよくわかる嘉納治五郎《かのうじごろう》
- 嘉納治五郎《かのうじごろう》の生《い》きた時代《じだい》
- 参考文献《さんこうぶんけん》

もっとよくわかる　嘉納治五郎《かのうじごろう》

基礎知識《きそちしき》解説《かいせつ》

文明開化《ぶんめいかいか》の時代《じだい》

明治時代《めいじじだい》のはじめ、日本《にほん》は江戸時代《えどじだい》までの古《ふる》い体制《たいせい》が崩《くず》れさり、社会《しゃかい》の新《あたら》しい形《かたち》がつくられていくさなかにありました。

激動《げきどう》の日本《にほん》

江戸時代《えどじだい》、日本《にほん》は長《なが》く中国《ちゅうごく》、朝鮮《ちょうせん》、オランダ以外《いがい》の国《くに》との貿易《ぼうえき》をおこなってきませんでした。1853年《ねん》、アメリカのペリーの来航《らいこう》をきっかけに、西洋《せいよう》（ヨーロッパやアメリカ）の国《くに》ぐにとの貿易《ぼうえき》がはじまると、西洋人《せいようじん》を野蛮人《やばんじん》とみなし、うちはらおうとする「攘夷運動《じょういうんどう》」がおこるなど、国内《こくない》は混乱《こんらん》します。この混《こん》乱《らん》をおさめきれない幕府《ばくふ》を見《み》て、薩摩藩《さつまはん》・長州藩《ちょうしゅうはん》などの有力《ゆうりょく》な藩《はん》が幕府《ばくふ》を倒《たお》そうと立《た》ちあがり、1867年《ねん》、ついに幕府《ばくふ》は政権《せいけん》を朝廷《ちょうてい》にかえします（大政奉還《たいせいほうかん》）。

薩摩藩《さつまはん》・長州藩《ちょうしゅうはん》を中心《ちゅうしん》に誕生《たんじょう》した新政府《しんせいふ》は、日本《にほん》の近代化《きんだいか》をおしすすめますが、急激《きゅうげき》な近代化《きんだいか》に反発《はんぱつ》した一部《いちぶ》の武士《ぶし》による反乱《はんらん》が各地《かくち》でおこりました。治《じ》五郎《ごろう》が育《そだ》ったのは、社会《しゃかい》のしくみや価値観《かちかん》が大《おお》きくかわる時代《じだい》だったのです。

新《あたら》しい文化《ぶんか》の誕生《たんじょう》

西洋《せいよう》との貿易《ぼうえき》によって、日本《にほん》には新《あたら》しい文化《ぶんか》が次《つぎ》つぎと伝《つた》えられ、人《ひと》びとの生活《せいかつ》は大《おお》きくかわりました。明治《めいじ》の日本人《にほんじん》は、この変化《へんか》を「文明開化《ぶんめいかいか》」と呼《よ》んでうけいれます。西洋風《せいようふう》の煉瓦《れんが》の建物《たてもの》がたてられ、ガス灯《とう》が夜《よる》を照《て》らし、西洋人《せいようじん》の真似《まね》をして牛肉《ぎゅうにく》を食《た》べるようになりました。

文明開化《ぶんめいかいか》の横浜《よこはま》を描《えが》いた錦絵《にしきえ》

明治新政府《めいじしんせいふ》は、身分《みぶん》による差別《さべつ》を廃止《はいし》し、武士《ぶし》に帯刀《たいとう》とチョンマゲを禁《きん》じる一方《いっぽう》で、徴《ちょう》兵《へい》によって近代的《きんだいてき》な軍隊《ぐんたい》を組織《そしき》します。治五郎《じごろう》も、幼《おさな》いころから英語《えいご》を学《まな》ぶなど、西洋文化《せいようぶんか》に親《した》しみましたが、なにもかも西洋《せいよう》一辺倒《いっぺんとう》の世《よ》の中《なか》には疑問《ぎもん》をもっていました。

鉄道《てつどう》の開業《かいぎょう》

1872年《ねん》には、新橋《しんばし》から横浜《よこはま》まで、蒸気機関車《じょうききかんしゃ》が開通《かいつう》しました。明治新政府《めいじしんせいふ》は、人《ひと》や物《もの》をはやく、大量《たいりょう》に運《はこ》ぶことができる鉄道《てつどう》を交通《こうつう》・流通《りゅうつう》の中心《ちゅうしん》にしようと考《かんが》えます。京阪神地区《けいはんしんちく》にも鉄道《てつどう》を敷《し》き、1889年《ねん》には東海道線《とうかいどうせん》を開通《かいつう》させて、関東《かんとう》と関西《かんさい》をつなぎます。政府《せいふ》は1881年《ねん》に鉄道事業《てつどうじぎょう》を民間企業《みんかんきぎょう》にまかせていましたが、各地《かくち》の資産家《しさんか》は、その後《ご》も競《きそ》って私鉄《してつ》を建設《けんせつ》していきました。

基礎知識《きそちしき》解説《かいせつ》

嘉納治五郎《かのうじごろう》の生《お》いたち

治五郎《じごろう》は豊《ゆた》かな家庭《かてい》に育《そだ》ち、学業《がくぎょう》は優秀《ゆうしゅう》でしたが、体《からだ》は丈夫《じょうぶ》ではありませんでした。そこで興味《きょうみ》をもったのが、柔術《じゅうじゅつ》です。

強《つよ》くなりたかった少年《しょうねん》

治五郎《じごろう》は1860年旧暦《ねんきゅうれき》10月《がつ》28日《にち》、摂津国御影村《せっつのくにみかげむら》（現在《げんざい》の兵庫県神戸市《ひょうごけんこうべし》）に、商人《しょうにん》であった嘉納次郎作《かのうじろさく》と母《はは》・定子《さだこ》の三男《さんなん》として生《う》まれました。一家《いっか》は裕福《ゆうふく》でしたが、母《はは》の定子《さだこ》は、治五郎《じごろう》が9歳《さい》のときに病《やまい》で亡《な》くなってしまいました。江戸幕府《えどばくふ》の仕事《しごと》をしたこともあった次郎作《じろさく》が、明治新政府《めいじしんせいふ》から東京《とうきょう》へ来《く》るようにとまねかれたため、治五郎《じごろう》も父《ちち》とともに上京《じょうきょう》します。

育英義塾《いくえいぎじゅく》、東京開成学校《とうきょうかいせいがっこう》など、一流《いちりゅう》の進学校《しんがくこう》で英語《えいご》をはじめ最新《さいしん》の学問《がくもん》を学《まな》んだ治五郎《じごろう》は、最終的《さいしゅうてき》に東京大学《とうきょうだいがく》に入学《にゅうがく》しました。しかし小柄《こがら》で体《からだ》も弱《よわ》かったため、同級生《どうきゅうせい》からいじめをうけてしまいます。そのため、護身術《ごしんじゅつ》である柔術《じゅうじゅつ》を身《み》につけ、強《つよ》くなって見《み》かえしてやりたい、と願《ねが》うようになりました。

少年時代《しょうねんじだい》の治五郎《じごろう》

名門《めいもん》大学《だいがく》で学《まな》ぶ

当時《とうじ》の大学《だいがく》は、現代《げんだい》のように多《おお》くの人《ひと》が進学《しんがく》するところではありませんでした。現在《げんざい》、日本《にほん》の大学進学率《だいがくしんがくりつ》は50パーセントをこえていますが、当時《とうじ》の大学進学率《だいがくしんがくりつ》は1パーセント以下《いか》です。東京大学《とうきょうだいがく》は、近代化《きんだいか》を進《すす》める明治新政府《めいじしんせいふ》が、江戸幕府《えどばくふ》のつくったいくつかの学校《がっこう》を統合《とうごう》して設立《せつりつ》した、当時最先端《とうじさいせんたん》の高等教育《こうとうきょういく》機関《きかん》で、そこに入学《にゅうがく》した治五郎《じごろう》は、エリートのなかのエリートだったのです。

設立当初《せつりつとうしょ》の東京大学《とうきょうだいがく》は法学部《ほうがくぶ》・理学部《りがくぶ》・医学部《いがくぶ》・文学部《ぶんがくぶ》をもち、治五郎《じごろう》は文学部《ぶんがくぶ》で学《まな》びました。そこで、外国人講師《がいこくじんこうし》であるフェノロサから、日本《にほん》の文化《ぶんか》のすばらしさについて教《おし》えられます。

大学《だいがく》で教育《きょういく》の重要性《じゅうようせい》も学《まな》んだ治五郎《じごろう》は、教育《きょういく》を通《つう》じて社会《しゃかい》を進歩《しんぽ》させたい、と考《かんが》えるようになりました。

哲学者《てつがくしゃ》であり美術史家《びじゅつしか》でもあったアーネスト・フェノロサ。日本美術《にほんびじゅつ》を高《たか》く評価《ひょうか》した

勝海舟《かつかいしゅう》（1823～1899年《ねん》）

もとは江戸幕府《えどばくふ》の役人《やくにん》で、幕末《ばくまつ》に幕府側《ばくふがわ》と新政府側《しんせいふがわ》が対立《たいりつ》したときには、双方《そうほう》の仲立《なかだ》ちをしました。海舟《かいしゅう》は、治五郎《じごろう》の人生《じんせい》に大《おお》きな影響《えいきょう》をあたえた人物《じんぶつ》のひとりです。治五郎《じごろう》が、教育者《きょういくしゃ》として生《い》きるか、柔道《じゅうどう》の普及《ふきゅう》に生《い》きるかについて迷《まよ》ったとき、海舟《かいしゅう》は「両立《りょうりつ》すべきだ」と助言《じょげん》しています。治五郎《じごろう》はその言葉通《ことばどお》り、教育者《きょういくしゃ》と柔道家《じゅうどうか》の両立《りょうりつ》にはげむようになったのです。

基礎《きそ》知識《ちしき》
解説《かいせつ》

講道館《こうどうかん》のはじまり

治五郎《じごろう》は、みずから学《まな》んだ天神真楊流《てんじんしんようりゅう》と起倒流《きとうりゅう》の技術《ぎじゅつ》に、ほかの流派《りゅうは》のすぐれた技《わざ》をくわえ、講道館柔道《こうどうかんじゅうどう》を生《う》みだしました。

新《あたら》しい時代《じだい》の武道《ぶどう》

教育者《きょういくしゃ》でもあった治五郎《じごろう》は、柔術《じゅうじゅつ》の弟子《でし》に対《たい》しても、経験《けいけん》とカンにたよって技《わざ》を教《おし》えるのではなく、理論《りろん》にそって教《おし》えました。治五郎《じごろう》が発見《はっけん》し、理論《りろん》としたもののひとつが「作《つく》り」と「掛《か》け」です。「作《つく》り」とは、技《わざ》をしかけやすい状況《じょうきょう》をつくりだすことを意味《いみ》し、相手《あいて》の体勢《たいせい》を不安定《ふあんてい》にする「崩《くず》し」と、自分《じぶん》が安定《あんてい》して力《ちから》を出《だ》せる姿勢《しせい》をとる「自分《じぶん》を作《つく》る」からなりたっています。その体勢《たいせい》になった瞬間《しゅんかん》に、もっとも効果的《こうかてき》な技《わざ》をくりだすのが「掛《か》け」です。

また、囲碁《いご》や将棋《しょうぎ》にならって段位《だんい》や級《きゅう》をもうけ、修行者《しゅぎょうしゃ》が進歩《しんぽ》を実感《じっかん》できるように工夫《くふう》しました。この段位制《だんいせい》はのちに、剣道《けんどう》や空手《からて》にもとりいれられます。技術《ぎじゅつ》の指導《しどう》だけでなく、人間性《にんげんせい》を育《そだ》てることも指導者《しどうしゃ》たちにもとめました。

柔道《じゅうどう》と柔術《じゅうじゅつ》のちがい

	柔道《じゅうどう》	柔術《じゅうじゅつ》
当《あ》て身《み》（打撃技《だげきわざ》）	ない	ある
「崩《くず》し」の技法《ぎほう》	ある	ある
関節技《かんせつわざ》	ある（危険《きけん》でないものだけ）	ある（危険《きけん》なものも）
段位《だんい》	ある	ない

講道館《こうどうかん》の発展《はってん》

１８８２年《ねん》５月《がつ》に設立《せつりつ》された講道館《こうどうかん》の名声《めいせい》を高《たか》めたのは、１８８６年前後《ねんぜんご》に数回開催《すうかいかいさい》された、警視庁武術大会《けいしちょうぶじゅつたいかい》です。警視総監《けいしそうかん》・三島通庸《みしまみちつね》（薩摩藩出身《さつまはんしゅっしん》）が主催《しゅさい》したこの大会《たいかい》で、講道館柔道《こうどうかんじゅうどう》は、楊心流戸塚派《ようしんりゅうとつかは》をはじめとする、いくつもの柔術《じゅうじゅつ》の流派《りゅうは》に圧勝《あっしょう》し、強《つよ》さを見《み》せつけたのです。これにより三島《みしま》は、講道館《こうどうかん》柔道《じゅうどう》を、警察官《けいさつかん》がならう武術《ぶじゅつ》として正式《せいしき》に採用《さいよう》しました。

初期《しょき》の講道館《こうどうかん》の練習風景《れんしゅうふうけい》を描《えが》いた絵《え》

　入門者《にゅうもんしゃ》９人《にん》ではじまった講道館《こうどうかん》は、１９２１年《ねん》には館員数《かんいんすう》２万《まん》２千人《せんにん》にまで成《せい》長《ちょう》し、東京《とうきょう》・水道橋《すいどうばし》に大道場《だいどうじょう》をかまえるまでになりました。現在《げんざい》は、東京《とうきょう》・春日《かすが》に講《こう》道館《どうかん》の本部《ほんぶ》が置《お》かれています。

　また、１９３０年《ねん》には、治五郎《じごろう》の発案《はつあん》により、初《はつ》の全国規模《ぜんこくきぼ》の大会《たいかい》である「全日本《ぜんにほん》柔道選士権大会《じゅうどうせんしけんたいかい》」が開催《かいさい》されました。

基礎知識《きそちしき》
解説《かいせつ》

広《ひろ》まっていく「柔道《じゅうどう》」

講道館《こうどうかん》の発展《はってん》にともない、柔道《じゅうどう》は女性《じょせい》もおこなえるものに、また世界《せかい》で愛《あい》されるものへと発展《はってん》していきます。

女子柔道《じょしじゅうどう》のはじまり

講道館《こうどうかん》が、はじめて女子《じょし》の門下生《もんかせい》をうけいれたのは、1893年《ねん》のことでした。最初《さいしょ》の女子門下生《じょしもんかせい》・芦谷《あしや》スエ子《こ》は、〝四天王《してんのう》〟のひとり、富田常次郎《とみたつねじろう》に柔道《じゅう》をならいたい、と伝《つた》えたといいます。明治時代《めいじじだい》には「女性《じょせい》はおとなしく、しとやかにすべき」と考《かんが》えられていたため、反対《はんたい》の声《こえ》もありましたが、治五郎《じごろう》はこれを許可《きょか》します。治五郎《じごろう》は、それ以前《いぜん》から女子柔道《じょしじゅうどう》の可能性《かのうせい》を考《かんが》えて、妻《つま》の須磨子《すまこ》を稽古相手《けいこあいて》に、女子《じょし》の練習方法《れんしゅうほうほう》についても研究《けんきゅう》していたのでした。

大正時代《たいしょうじだい》に入《はい》ると、「女性《じょせい》も体力《たいりょく》をやしなうべき」という考《かんが》えが広《ひろ》まり、女《じょ》学校《がっこう》などで柔道《じゅうどう》を教《おし》えるようになります。講道館《こうどうかん》も1923年《ねん》から、本格的《ほんかくてき》に女子《じょし》への指導《しどう》を開始《かいし》し、1926年《ねん》11月《がつ》には、講道館女子部《こうどうかんじょしぶ》が創設《そうせつ》されました。

女子《じょし》に柔道《じゅうどう》を指導《しどう》する治五郎《じごろう》

世界《せかい》への広《ひろ》がり

学習院《がくしゅういん》の教頭《きょうとう》として、海外《かいがい》へ出張《しゅっちょう》していた治五郎《じごろう》は、出張先《しゅっちょうさき》の各国《かっこく》で柔道《じゅうどう》の実演《じつえん》をしてみせるなど、海外《かいがい》に柔道《じゅうどう》を広《ひろ》めることにも熱心《ねっしん》でした。

また、治五郎《じごろう》の弟子《でし》たちも世界各地《せかいかくち》で、柔道《じゅうどう》の指導《しどう》にあたっています。なかでも山下義韶《やましたよしつぐ》は、アメリカのセオドア・ルーズベルト大統領《だいとうりょう》に認《みと》められ、合衆国海軍兵学校《こくかいぐんへいがっこう》の教官《きょうかん》となりました。ほかにも、1918年《ねん》には、イギリスのロンドンに住《す》む日本人《にほんじん》たちにより、武道《ぶどう》を研究《けんきゅう》する「武道会《ぶどうかい》」がつくられています。ドイツでも柔道《じゅうどう》が盛《さか》んになり、世界情勢《せかいじょうせい》の悪化《あっか》で実現《じつげん》しませんでしたが、「世界柔道連盟《せかいじゅうどうれんめい》」結成《けっせい》の動《うご》きもありました。

治五郎《じごろう》が生《う》みだした講道館柔《こうどうかんじゅう》道《どう》は、こうして世界《せかい》に広《ひろ》がっていき、現在《げんざい》でも多《おお》くの国《くに》で稽古《けいこ》されています。

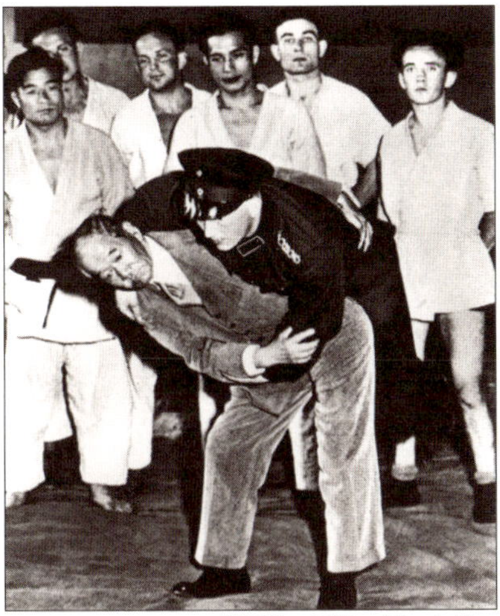
ドイツのベルリンで、警察官《けいさつかん》に柔道《じゅうどう》の技《わざ》を指導《しどう》する治五郎《じごろう》

基礎知識《きそちしき》
解説《かいせつ》

教育者《きょういくしゃ》として

治五郎《じごろう》は、学習院《がくしゅういん》の教頭《きょうとう》や高等師範学校《こうとうしはんがっこう》の校長《こうちょう》などをつとめ、教育者《きょういくしゃ》としても活躍《かつやく》しました。

教師《きょうし》・嘉納治五郎《かのうじごろう》

治五郎《じごろう》は1882年《ねん》1月《がつ》から、華族《かぞく》（江戸時代《えどじだい》の公家《くげ》や大名《だいみょう》）の子《こ》どもを教育《きょういく》する学習院《がくしゅういん》の講師《こうし》をつとめています。これが、治五郎《じごろう》の教育者《きょういくしゃ》としてのスタートでした。その後《ご》も、熊本《くまもと》の第五高等中学校《だいごこうとうちゅうがっこう》、東京《とうきょう》の第一高等中学校《だいいちこうとうちゅうがっこう》などで校長《こうちょう》をつとめ、1893年《ねん》9月《がつ》には、教師《きょうし》を養成《ようせい》する学校《がっこう》である高等師範学校《こうとうしはんがっこう》の校長《こうちょう》になります。高等師範学校《こうとうしはんがっこう》では、治五郎《じごろう》は20年《ねん》以上《いじょう》にわたって校長《こうちょう》をつとめることになりました。その間《あいだ》、授業内容《じゅぎょうないよう》などの改革《かいかく》をおこない、治五郎《じごろう》の改革《かいかく》は、ほかの学校《がっこう》にも影響《えいきょう》をあたえました。

教育者《きょういくしゃ》としての治五郎《じごろう》は、近代日本《きんだいにほん》の教育制度《きょういくせいど》の確立《かくりつ》に、大《おお》きな業績《ぎょうせき》を残《のこ》したのです。

精力善用《せいりょくぜんよう》・自他共栄《じたきょうえい》

後年《こうねん》の治五郎《じごろう》は、「精力善用《せいりょくぜんよう》」と「自他共栄《じたきょうえい》」というふたつの精神《せいしん》をとなえます。「精力善用《せいりょくぜんよう》」とは、心身《しんしん》のもつすべての力《ちから》を生《い》かして、社会《しゃかい》のために善《よ》い方向《ほうこう》にもちいることを意味《いみ》し、「自他共栄《じたきょうえい》」は、自分《じぶん》だけでなく他人《たにん》とともに繁栄《はんえい》しようとすることを意味《いみ》しています。
治五郎《じごろう》は、このふたつの精神《せいしん》を、柔道《じゅうどう》や教育《きょういく》だけでなく、社会全体《しゃかいぜんたい》の理想《りそう》の姿《すがた》だと考《かんが》えていたのです。

「日本体育《にほんたいいく》の父《ちち》」

治五郎《じごろう》は高等師範学校《こうとうしはんがっこう》で、教師《きょうし》をめざす学生《がくせい》たちに、教育現場《きょういくげんば》でスポーツを活用《かつよう》するよう指導《しどう》しました。柔道《じゅうどう》はもちろんですが、全身運動《ぜんしんうんどう》である水泳《すいえい》を最《さい》高《こう》の運動《うんどう》と考《かんが》えていた治五郎《じごろう》は、日本古来《にほんこらい》の泳法《えいほう》をもとに「高師泳法《こうしえいほう》」をつくり、授業《じゅぎょう》にとりいれました。また、水泳《すいえい》ができる水辺《みずべ》やプールなどがない学校《がっこう》でも、スポーツの指導《しどう》ができるように、と長距離走《ちょうきょりそう》もすすめています。

1911年《ねん》に、治五郎《じごろう》を中心《ちゅうしん》として「大日本体育協会《だいにほんたいいくきょうかい》」が設立《せつりつ》されました。協会《きょうかい》は、日本人《にほんじん》の体《からだ》と心《こころ》をきたえるため、生涯《しょうがい》スポーツの必要性《ひつようせい》をうったえつづけ、現在《げんざい》も「日本《にほん》スポーツ協会《きょうかい》」として活動《かつどう》しています。こうして、日本《にほん》にスポーツを根《ね》づかせた治五郎《じごろう》は、「日本体《にほんたい》育《いく》の父《ちち》」とも呼《よ》ばれているのです。

治五郎《じごろう》が校長《こうちょう》をつとめた高等師範学校《こうとうしはんがっこう》。柔道部《じゅうどうぶ》をはじめとし、器械体操部《きかいたいそうぶ》、野球部《やきゅうぶ》、ボート部《ぶ》、テニス部《ぶ》などがつくられた

基礎知識《きそちしき》
解説《かいせつ》

オリンピックと柔道《じゅうどう》

オリンピックの理念《りねん》に共感《きょうかん》した治五郎《じごろう》は、日本《にほん》のオリンピック参加《さんか》と、日本《にほん》でのオリンピック開催《かいさい》にむけて奮闘《ふんとう》します。

IOC《アイオーシー》委員《いいん》として

国際《こくさい》オリンピック委員会《いいんかい》（IOC《アイオーシー》）は、近代《きんだい》オリンピックを主催《しゅさい》するために結成《けっせい》された組織《そしき》で、オリンピックの開催都市《かいさいとし》はこの委員会《いいんかい》が決定《けってい》します。柔道《じゅうどう》を海外《かいがい》へ広《ひろ》めるための活動《かつどう》が評価《ひょうか》された治五郎《じごろう》は、1909年《ねん》、アジアで初《はつ》のIOC《アイオーシー》委員《いいん》にえらばれました。1912年《ねん》、日本《にほん》が初参加《はつさんか》したストックホルムオリンピックでは選手団《せんしゅだん》の団長《だんちょう》をつとめ、1936年《ねん》のIOC《アイオーシー》総会《そうかい》では、東京《とうきょう》オリンピック招致《しょうち》に治五郎《じごろう》は成功《せいこう》します。その後《ご》、世界情勢《せかいじょうせい》の悪化《あっか》で開催《かいさい》が危《あや》ぶまれた東京《とうきょう》オリンピックでしたが、1938年《ねん》のカイロでの総会《そうかい》において、治五郎《じごろう》は平和《へいわ》のためにもオリンピックを東京《とうきょう》で開催《かいさい》する意義《いぎ》があると強《つよ》くうったえ、東京開催《とうきょうかいさい》を改《あらた》めて世界《せかい》に認《みと》めさせました。

オリンピック競技《きょうぎ》への道《みち》のり

治五郎《じごろう》が1938年《ねん》に亡《な》くなり、1939年《ねん》に第二次世界大戦《だいにじせかいたいせん》がはじまると、日本《にほん》は世界《せかい》とのつながりを失《うしな》います。戦争《せんそう》の長期化《ちょうきか》で、1940年《ねん》の東京《とうきょう》オリンピックは、開催《かいさい》されませんでした。しかし、戦後《せんご》の1948年《ねん》には、ロンドンでヨーロッパ柔道連盟《じゅうどうれんめい》が結成《けっせい》され、1951年《ねん》に国際柔道連盟《こくさいじゅうどうれんめい》と改称《かいしょう》、翌年《よくとし》には日本《にほん》の加盟《かめい》が認《みと》められました。1964年《ねん》に開催《かいさい》されるオリンピックを日本《にほん》に改《あらた》めて招致《しょうち》する活動《かつどう》とともに、柔道《じゅうどう》をオリンピック競技《きょうぎ》にする運動《うんどう》も盛《さか》んになり、ついには1964年《ねん》のオリンピックで、東京開催《とうきょうかいさい》と男子柔道《だんしじゅうどう》の正《せい》式競技化《しききょうぎか》が実現《じつげん》します。1992年《ねん》のバルセロナオリンピックからは、女子《じょし》柔道《じゅうどう》も実施《じっし》されるようになりました。

2020年《ねん》の東京《とうきょう》オリンピックからは、男女各《だんじょかく》3名《めい》の計《けい》6名《めい》による混合団《こんごうだん》体戦《たいせん》もはじまります。治五郎《じごろう》の夢《ゆめ》は、現実《げんじつ》のものとなったのです。

2016年《ねん》のオリンピックで対戦《たいせん》する、日本《にほん》とブラジルの選手《せんしゅ》　©Sipa USA/amanaimages

幻《まぼろし》の1940年東京《ねんとうきょう》オリンピック

治五郎《じごろう》の努力《どりょく》もあり、東京招致《とうきょうしょうち》にこぎつけた1940年《ねん》のオリンピックでしたが、治五郎《じごろう》の死《し》からわずか2か月後《げつご》に、日本政《にほんせい》府《ふ》はオリンピックの開催権返上《かいさいけんへんじょう》を決定《けってい》します。

緊張《きんちょう》する世界情勢《せかいじょうせい》をうけて、国内外《こくないがい》からの反発《はんぱつ》が強《つよ》まったことが原因《げんいん》でした。かわりの開催地《かいさいち》にフィンランドのヘルシンキがえらばれますが、第二次世界大戦《だいにじせかいたいせん》の勃発《ぼっぱつ》により、1940年《ねん》のオリンピックは、開催《かいさい》そのものがとりやめとなりました。

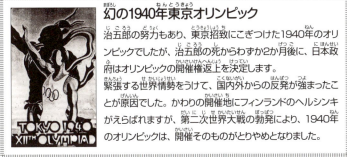

基礎知識《きそちしき》
解説《かいせつ》

嘉納治五郎《かのうじごろう》ゆかりの人《ひと》びと

治五郎《じごろう》が柔道《じゅうどう》や教育《きょういく》を通《つう》じて出《で》あい、のちに世《よ》の中《なか》に治五郎《じごろう》の活動《かつどう》を広《ひろ》めた人《ひと》たちを紹介《しょうかい》します。

西郷四郎《さいごうしろう》

1866年《ねん》生《う》まれ
1922年没《ねんぼつ》

治五郎《じごろう》の弟子《でし》のなかでも4人《にん》の実力者《じつりょくしゃ》である「四天王《してんのう》」のひとりで、小説《しょうせつ》『姿三四郎《すがたさんしろう》』の主人公《しゅじんこう》のモデルとされる人物《じんぶつ》です。『姿三四郎《すがたさんしろう》』は小説《しょうせつ》ですが、実在《じつざい》の人物《じんぶつ》をモデルにしたキャラクターも多《おお》く登場《とうじょう》し、柔道人気《じゅうどうにんき》を高《たか》めました。四郎《しろう》は福島県《ふくしまけん》の会津《あいづ》に生《う》まれ、1882年《ねん》に治五郎《じごろう》と出《で》あいます。1886年《ねん》の警視庁武術大会《けいしちょうぶじゅつたいかい》などで、活躍《かつやく》しました。

治五郎《じごろう》が海外《かいがい》に出張《しゅっちょう》するときには、道場《どうじょう》の留守《るす》をまかされるほど信頼《しんらい》されていましたが、やがて講道館《こうどうかん》をはなれ、中国大陸《ちゅうごくたいりく》で政治活動《せいじかつどう》に身《み》を投《とう》じます。のちに帰国《きこく》し、広島《ひろしま》の尾道《おのみち》で亡《な》くなりました。56歳《さい》でした。

富田常次郎《とみたつねじろう》

１８６５年《ねん》生《う》まれ
１９３７年没《ねんぼつ》

嘉納塾《かのうじゅく》の書生《しょせい》として、治五郎《じごろう》の最初《さいしょ》の稽古相手《けいこあいて》をつとめた常次郎《つねじろう》も、講道館《こうどうかん》四天王《してんのう》のひとりです。明治天皇《めいじてんのう》が学習院《がくしゅういん》を訪問《ほうもん》し、柔道《じゅうどう》の稽古《けいこ》を観覧《かんらん》したときには、学習院《がくしゅういん》の柔道教師《じゅうどうきょうし》をつとめていました。アメリカで柔道《じゅうどう》の普及《ふきゅう》につとめたほか、息子《むすこ》の常雄《つねお》はのちに小説家《しょうせつか》となり、『姿三四郎《すがたさんしろう》』を書《か》きました。

ラフカディオ・ハーン（小泉八雲《こいずみやくも》）

１８５０年《ねん》生《う》まれ
１９０４年没《ねんぼつ》

ギリシャ生《う》まれのイギリス人《じん》で、イギリス文学者《ぶんがくしゃ》だったハーンは、１８９０年《ねん》に来日《らいにち》。１８９１年《ねん》に日本人女性《にほんじんじょせい》と結婚《けっこん》し、１８９６年《ねん》に日本国籍《にほんこくせき》を得《え》て、「小泉八雲《こいずみやくも》」と名《な》のるようになります。熊本《くまもと》の第五高等中学校《だいごこうとうちゅうがっこう》で教師《きょうし》をしていたときに、校長《こうちょう》をつとめていた治五郎《じごろう》と交流《こうりゅう》しました。

日本《にほん》の文化《ぶんか》を愛《あい》したハーンは、日本《にほん》の伝統的《でんとうてき》な民話《みんわ》を小説《しょうせつ》として書《か》きなおし、小説《しょうせつ》『怪談《かいだん》』を出版《しゅっぱん》するなど、日本文化《にほんぶんか》を海外《かいがい》に伝《つた》えています。はじめて柔道《じゅうどう》をヨーロッパ諸国《しょこく》やアメリカに伝《つた》えたのも、ハーンだったといわれています。

富田常次郎《とみたつねじろう》

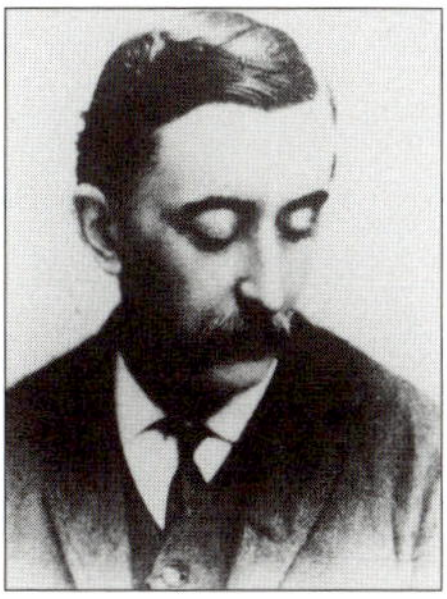
ラフカディオ・ハーン

基礎知識《きそちしき》 年表《ねんぴょう》

嘉納治五郎《かのうじごろう》の生《い》きた時代《じだい》

年表《ねんぴょう》の見方《みかた》
年齢《ねんれい》はその年《とし》の満年齢《まんねんれい》を表《あらわ》しています。

西暦《せいれき》	年齢《ねんれい》	嘉納治五郎《かのうじごろう》の生涯《しょうがい》	世界《せかい》と日本《にほん》の主《おも》な出来事《できごと》
1860年《ねん》		旧暦《きゅうれき》10月《がつ》28日《にち》、嘉納次郎作《かのうじろさく》と定子《さだこ》の三男《さんなん》として、摂津国《せっつのくに》菟原郡御影村《うばらぐんみかげむら》（現在《げんざい》の兵庫県神戸市東灘区《ひょうごけんこうべしひがしなだく》のあたり）に生《う》まれる。	桜田門外《さくらだもんがい》の変《へん》がおこる。
1869年《ねん》	9歳《さい》	母《はは》、定子《さだこ》が病気《びょうき》で亡《な》くなる。	版籍奉還《はんせきほうかん》がおこなわれる。
1870年《ねん》	10歳《さい》	上京《じょうきょう》する。	
1873年《ねん》	13歳《さい》	育英義塾《いくえいぎじゅく》に入学《にゅうがく》し、英語《えいご》とドイツ語《ご》を学《まな》ぶ。	
1874年《ねん》	14歳《さい》	東京外国語学校《とうきょうがいこくごがっこう》に入学《にゅうがく》する。	
1875年《ねん》	15歳《さい》	東京外国語学校《とうきょうがいこくごがっこう》を卒業後《そつぎょうご》、東京開成学校《とうきょうかいせいがっこう》に入学《にゅうがく》する。	

年	年齢	できごと	
1877年《ねん》	17歳《さい》	東京大学《とうきょうだいがく》（東京開成学校《とうきょうかいせいがっこう》から改称《かいしょう》）文学部《ぶんがくぶ》に編入《へんにゅう》する。柔術家《じゅうじゅつか》の福田八之助《ふくだはちのすけ》に師事《しじ》する。	
1879年《ねん》	19歳《さい》	8月5日《がついつか》、来日《らいにち》した元《もと》アメリカ大統領《だいとうりょう》のグラント将軍《しょうぐん》の前《まえ》で、乱取《らんど》りを披露《ひろう》する。8月《がつ》、福田《ふくだ》が亡《な》くなり、福田《ふくだ》と同門《どうもん》の磯正智《いそまさとも》に師事《しじ》する。	
1881年《ねん》	21歳《さい》	6月《がつ》、磯《いそ》が亡《な》くなる。7月《がつ》、東京大学文学部《とうきょうだいがくぶんがくぶ》を修了《しゅうりょう》するが、哲学《てつがく》を学《まな》ぶため、さらに1年在学《ねんざいがく》することをきめる。柔術家《じゅうじゅつか》の飯久保恒年《いいくぼつねとし》に師事《しじ》する。	魯迅《ろじん》が生《う》まれる。
1882年《ねん》	22歳《さい》	1月《がつ》、学習院《がくしゅういん》の講師《こうし》になる。5月《がつ》、現在《げんざい》の台東区東上野《たいとうくひがしうえの》にある永昌寺《えいしょうじ》の境内《けいだい》に講道館《こうどうかん》を設立《せつりつ》する。	
1885年《ねん》	25歳《さい》	このころ、飯久保《いいくぼ》との乱取《らんど》りのなかで、相手《あいて》の体勢《たいせい》を崩《くず》してから投《な》げるという発想《はっそう》をえる。	
1886年《ねん》	26歳《さい》	学習院《がくしゅういん》の教頭《きょうとう》（教授《きょうじゅ》を兼任《けんにん》）になる。このころ、警視総監《けいしそうかん》、三島通庸《みしまみちつね》主催《しゅさい》の武術大会《ぶじゅつたいかい》に出場《しゅつじょう》し、他流派《たりゅうは》を圧倒《あっとう》する。	

西暦《せいれき》	年齢《ねんれい》	嘉納治五郎《かのうじごろう》の生涯《しょうがい》	世界《せかい》と日本《にほん》の主《おも》な出来事《できごと》
1889年《ねん》	29歳《さい》	宮内庁《くないちょう》の辞令《じれい》をうけ、ヨーロッパ視察《しさつ》の旅《たび》に出《で》る。	大日本帝国憲法《だいにっぽんていこくけんぽう》が発布《はっぷ》される。
1891年《ねん》	31歳《さい》	1月《がつ》、ヨーロッパ視察《しさつ》の旅《たび》から帰国《きこく》する。 8月《がつ》、竹添須磨子《たけぞえすまこ》と結婚《けっこん》する。 同月《どうげつ》、熊本《くまもと》の第五高等中学校《だいごこうとうちゅうがっこう》の校長《こうちょう》になる。	
1893年《ねん》	33歳《さい》	6月《がつ》、東京《とうきょう》の第一高等中学校《だいいちこうとうちゅうがっこう》の校長《こうちょう》になる。 9月《がつ》、第一高等中学校《だいいちこうとうちゅうがっこう》の校長《こうちょう》と兼任《けんにん》して、高等師範学校《こうとうしはんがっこう》の校長心得《こうちょうこころえ》になる。	
1894年《ねん》	34歳《さい》	高等師範学校《こうとうしはんがっこう》で陸上大運動会《りくじょうだいうんどうかい》を開催《かいさい》する。 高等師範学校《こうとうしはんがっこう》とその附属中学校《ふぞくちゅうがっこう》に、柔道部《じゅうどうぶ》を創設《そうせつ》する。 高等師範学校《こうとうしはんがっこう》の修学年数《しゅうがくねんすう》を、3年《ねん》から4年《ねん》にのばす。	日清戦争《にっしんせんそう》がはじまる。
1896年《ねん》	36歳《さい》	このころ、清《しん》からの留学生《りゅうがくせい》のうけいれをはじめる。	オリンピックの第《だい》1回大会《かいたいかい》が、アテネで開催《かいさい》される。
1897年《ねん》	37歳《さい》	7月《がつ》、高等師範学校《こうとうしはんがっこう》の校長《こうちょう》を辞任《じにん》する。 11月《がつ》、ふたたび高等師範学校《こうとうしはんがっこう》の校長《こうちょう》になる。	

1899年《ねん》	39歳《さい》	留学生《りゅうがくせい》のための学校《がっこう》、亦楽書院《えきらくしょいん》を設立《せつりつ》する。	勝海舟《かつかいしゅう》が亡《な》くなる。
1902年《ねん》	42歳《さい》	亦楽書院《えきらくしょいん》を発展《はってん》させ、弘文学院《こうぶんがくいん》（のちに宏文学院《こうぶんがくいん》と改称《かいしょう》）を設立《せつりつ》する。 高等師範学校《こうとうしはんがっこう》が、東京高等師範学校《とうきょうこうとうしはんがっこう》と改称《かいしょう》する。	日英同盟《にちえいどうめい》がむすばれる。
1909年《ねん》	49歳《さい》	フランス大使《たいし》のオーギュスト・ジェラールと面談《めんだん》し、アジア初《はつ》の国際《こくさい》オリンピック委員《いいん》になる。 宏文学院《こうぶんがくいん》を閉鎖《へいさ》する。	
1911年《ねん》	51歳《さい》	大日本体育協会《だいにほんたいいくきょうかい》を設立《せつりつ》し、初代会長《しょだいかいちょう》になる。 金栗四三《かなぐりしそう》が、オリンピック出場選手《しゅつじょうせんしゅ》をきめる予選会《よせんかい》で、世界記録《せかいきろく》を更新《こうしん》する。	
1912年《ねん》	52歳《さい》	ストックホルムで開催《かいさい》されたオリンピック第《だい》5回大会《かいたいかい》に、選手団長《せんしゅだんちょう》として参加《さんか》する。	中華民国《ちゅうかみんこく》が成立《せいりつ》する。
1914年《ねん》	54歳《さい》	講道館柔道会《こうどうかんじゅうどうかい》を設立《せつりつ》し、機関誌《きかんし》『柔道《じゅうどう》』を発刊《はっかん》する。	第一次世界大戦《だいいちじせかいたいせん》がはじまる。
1915年《ねん》	55歳《さい》	女学校《じょがっこう》や女子師範学校《じょししはんがっこう》でも柔道《じゅうどう》が教《おし》えられるようになる。	

西暦《せいれき》	年齢《ねんれい》	嘉納治五郎《かのうじごろう》の生涯《しょうがい》	世界《せかい》と日本《にほん》の主《おも》な出来事《できごと》
1920年《ねん》	60歳《さい》	東京高等師範学校《とうきょうこうとうしはんがっこう》の校長《こうちょう》を辞任《じにん》する。アントワープで開催《かいさい》されたオリンピック第《だい》7回大会《かいたいかい》に、国際《こくさい》オリンピック委員《いいん》として参加《さんか》する。ロンドンとロサンゼルスで、柔道《じゅうどう》の講演《こうえん》をおこなう。	国際連盟《こくさいれんめい》が発足《ほっそく》する。
1921年《ねん》	61歳《さい》	大日本体育協会《だいにほんたいいくきょうかい》の名誉会長《めいよかいちょう》になる。	
1922年《ねん》	62歳《さい》	貴族院《きぞくいん》の議員《ぎいん》になる。	
1924年《ねん》	64歳《さい》	東京高等師範学校《とうきょうこうとうしはんがっこう》の名誉教授《めいよきょうじゅ》になる。	
1928年《ねん》	68歳《さい》	アムステルダムで開催《かいさい》されたオリンピック第《だい》9回大会《かいたいかい》に、国際《こくさい》オリンピック委員《いいん》として参加《さんか》する。	
1931年《ねん》	71歳《さい》	東京市《とうきょうし》が、オリンピック招致《しょうち》の要望《ようぼう》を決定《けってい》する。	

1932年《ねん》	72歳《さい》	ロサンゼルスで開催《かいさい》されたオリンピック第《だい》10回大会《かいたいかい》に、国際《こくさい》オリンピック委員《いいん》として参加《さんか》する。国際《こくさい》オリンピック委員会《いいんかい》の総会《そうかい》で、東京《とうきょう》オリンピック招《しょう》致《ち》の要望《ようぼう》を発表《はっぴょう》する。	満州国《まんしゅうこく》ができる。
1936年《ねん》	76歳《さい》	ベルリンで開催《かいさい》されたオリンピック第《だい》11回大会《かいたいかい》に、国際《こくさい》オリンピック委員《いいん》として参加《さんか》する。国際《こくさい》オリンピック委員会《いいんかい》の総会《そうかい》で、東京《とうきょう》オリンピックの開催《かいさい》が決定《けってい》する。	
1938年《ねん》		カイロでひらかれた国際《こくさい》オリンピック委員会《いいんかい》の総会《そうかい》で、オリンピック第《だい》12回大会《かいたいかい》の東京開催《とうきょうかいさい》を確認《かくにん》する。5月4日《がつよっか》、帰国途中《きこくとちゅう》の船中《せんちゅう》で、肺炎《はいえん》により77歳《さい》で亡《な》くなる。	
1940年《ねん》		前年《ぜんねん》にはじまった第二次世界大戦《だいにじせかいたいせん》の影響《えいきょう》で、東京《とうきょう》オリンピックが中止《ちゅうし》になる。	日本《にほん》・ドイツ・イタリアの三《さん》国同盟《ごくどうめい》が成立《せいりつ》する。
1960年《ねん》		柔道《じゅうどう》がオリンピック正式競技種目《せいしききょうぎしゅもく》に採用《さいよう》される。	
1964年《ねん》		オリンピック第《だい》18回大会《かいたいかい》が、東京《とうきょう》で開催《かいさい》される。	

参考文献

『嘉納治五郎　私の生涯と柔道』
嘉納治五郎著　日本図書センター
『気概と行動の教育者　嘉納治五郎』
生誕一五〇周年記念出版委員会編　筑波大学出版会
『秘録日本柔道』
工藤雷介著　東京スポーツ新聞社
「柔道の歴史　嘉納治五郎の生涯」シリーズ
作麻正明画　橋本一郎作　講道館監修　グループ・ゼロ
『姿三四郎』
富田常雄著　講談社
『姿三四郎の手帖　柔道創世記』
富田常雄著　春歩堂
『講道館　姿三四郎余話』
富田常雄著　春歩堂
『少年少女新伝記文庫　嘉納治五郎』
古賀残星著　金子書房
「写真で見る　オリンピック大百科」シリーズ
舛本直文監修　ポプラ社
『日本武術・武道大事典』
加来耕三監修　勉誠出版
『極意　留魂の技に日本人の源を探る』
加来耕三著　サンガ
『武術　武道家列伝』
加来耕三著　島津書房
『日本格闘技おもしろ史話』
加来耕三著　毎日新聞社

漫画：かわの いちろう

漫画家。大分県生まれ。『週刊少年サンデー超《スーパー》』（小学館）にてデビュー。時代劇作品を中心に活躍中。主な作品に、『隠密剣士』（集英社）、『忍歌』（日本文芸社）、『赤鴉 隠密異国御用』、『信長戦記』、『後藤又兵衛 黒田官兵衛に最も愛された男』、『舞将真田幸村 忍び之章』（すべてリイド社）、『戦国人物伝 本多忠勝』、『戦国人物伝 上杉謙信』、『幕末・維新人物伝 小松帯刀』（すべてポプラ社「コミック版 日本の歴史シリーズ」）などがある。

原作：しずか かおる

小説家・評論家・漫画原作者。現在は滋慶学園グループ名誉教育顧問として、大阪デザイン＆IT専門学校・東京コミュニケーションアート専門学校・名古屋デザイン＆テクノロジー専門学校・福岡デザイン＆テクノロジー専門学校・仙台コミュニケーションアート専門学校などで、マンガ科・コミックイラスト科・ライトノベル科の学生指導にあたっている。主な作品に、『るろうに剣心 〜明治剣客浪漫譚〜　巻之一』『同・巻之二』（共著・集英社）、『劇画 坂本龍馬の一生』（脚本・新人物往来社）、『平安人物伝 空海』、『戦国人物伝 高山右近』、『戦国人物伝 淀殿』、『幕末・維新人物伝 小松帯刀』（すべてポプラ社「コミック版 日本の歴史シリーズ」）などがある。

監修：加来耕三（かく・こうぞう）

歴史家・作家。1958年、大阪府大阪市生まれ。1981年、奈良大学文学部史学科卒業。主な著書に、『財閥を築いた男たち』、『徳川三代記』、『ifの日本史「もしも」で見えてくる、歴史の可能性』、『ポプラポケット文庫 上杉謙信』、『同 直江兼続』（すべてポプラ社）、『歴史に学ぶ自己再生の理論』（論創社）、『1868 明治が始まった年への旅』（時事通信社）、『利休と戦国武将　十五人の「利休七哲」』（淡交社）などがある。「コミック版 日本の歴史シリーズ」（ポプラ社）の企画・構成・監修を手がける。テレビ・ラジオ番組の監修・出演も少なくない。

本文・見返しイラスト／ank
デザイン協力／株式会社ウエイド
写真協力／公益財団法人講道館

コミック版　世界の伝記㊷

嘉納治五郎

2018年11月　第1刷

漫　画　かわの いちろう
発行者　長谷川 均
編　集　勝屋 圭
発行所　株式会社ポプラ社
〒102-8519　東京都千代田区麹町4-2-6
電　話　☎ 03-5877-8108（編集）
☎ 03-5877-8109（営業）
ホームページ　www.poplar.co.jp
印刷・製本　図書印刷株式会社

ISBN978-4-591-16043-5　N.D.C.289　126p　23cm　Printed in Japan

P7107042

何事《なにごと》でも、はじめの
一歩《いっぽ》をふみだす人《ひと》の苦心《くしん》こ

人《ひと》は、この世《よ》に
生《う》まれた以上《いじょう》、

精力善用《せいりょくぜんよう》、
自他共栄《じたきょうえい》。

柔道《じゅうどう》の修行者《しゅぎょうしゃ》は
生《い》きる道《みち》を
体得《たいとく》することが
本当《ほんとう》の目的《もくてき》であり、
技術《ぎじゅつ》の練習《れんしゅう》は
そのための手段《しゅだん》だ
ということを